Joseph Julius Binder

Tacitus und die Geschichte des römischen Reiches unter Tiberius

In den ersten sechs Büchern Ab excessu divi Augusti

Joseph Julius Binder

Tacitus und die Geschichte des römischen Reiches unter Tiberius
In den ersten sechs Büchern Ab excessu divi Augusti

ISBN/EAN: 9783743649651

Hergestellt in Europa, USA, Kanada, Australien, Japan

Cover: Foto ©ninafisch / pixelio.de

Weitere Bücher finden Sie auf **www.hansebooks.com**

Tacitus

und die

Geschichte des römischen Reiches unter Tiberius

in den ersten sechs Büchern

ab excessu divi Augusti

von

Dr. Jos. Jul. Binder,

Lerer an der k. k. Ober-Realschule in Laibach.

Wien 1880.

Verlag von Rudolf Lechner.

Professor Dr. Max Büdinger

gewidmet.

Vorwort.

Angeregt wurden die folgenden Untersuchungen durch die in den letzten Jaren erschienenen Versuche von „Rettungen" Tibers, welche, im Sinne aber nicht im Geiste Lessings unternommen, dadurch der Warheit einen Dienst zu erweisen vermeinten, dass sie mit einer, freilich öfter ans Possirliche streifenden Manie Tacitus in den Staub zogen. Es schien, als wollte man die früher überschwengliche Verehrung dieses Schriftstellers durch eine ebenso masslose Verachtung wett machen. — Dass der zuletzt erwänte Umstand nicht gestattete, den Boden der Polemik zu betreten, ist einleuchtend. Die ware Antwort wäre nur eine abermalige Bearbeitung der Geschichte jener Zeiten, welche, wie nicht bald andere, ein gleich grosses Mass von Ruhe, Vorurteilslosigkeit und Warheitsliebe verlangen. So sollten also die vorliegenden Arbeiten Abwer und Vorbereitung zugleich sein. Dieselben haben wesentliche Förderung dem Verehrten zu danken, welchem sie gewidmet sind als schwacher Ausdruck des Dankes, den der Schüler seinem Lerer schuldet. Möchte doch die geringe Gabe wertvoller werden durch den Erfolg!

Laibach, im Jänner 1880.

Der Verfasser.

EINLEITUNG.

Noch in der ersten Hälfte seiner Regierung fand Kaiser Tiberius zwei Schriftsteller, die von Bewunderung [1]) für ihn erfüllt waren: Vellejus Paterculus und Valerius Maximus. Die strenge Handhabung der Majestätsgesetze, die nicht nur auf Schmähgedichte sondern auch auf ernste Geschichtswerke [2]) Anwendung fanden, machten jedoch bald eine warheitsgetreue Geschichtschreibung unmöglich. Allein das unterdrückte Wort blieb nicht ungesprochen, und einige Processe gaben dem Fürsten Gelegenheit zu sehen, wie man im geheimen von ihm sprach und dachte. [3])

Dass die Verwaltung des Reiches ihren geregelten Gang gieng, ist nicht zu leugnen, ebensowenig als das Verdienst, das sich Tiberius darum erworben; ja es geben nicht nur die Ueberlieferungen bei Josephus [4]) und Philo [5]) davon Zeugnis, sondern viele Momente auch in den Geschichten bei Tacitus, Sueton und Cassius Dio bezeugen, dass Tiberius bis zum letzten Augenblicke (wenn auch im vorgeschrittenen Alter mit begreiflich geringerer Energie) den Geschäften seine Aufmerksamkeit widmete. [6]) Allein die Geschichte darf nicht verkennen, dass dieses Kaisers Regierung eine andere, durch die Verhältnisse gewordene Aufgabe zu erfüllen hatte: die neue Staatsverwaltungs- und Regierungsform sicherzustellen. Da galt es nun den Kampf gegen die Reste des alten Adels, dessen Traditionen noch nicht vergessen waren, auszufechten. Es ist nicht meine Sache, an dieser Stelle zu untersuchen, ob die Härte, mit der Tiberius diesen Kampf fürte, gerechtfertigt war; genug an dem, der gewaltige Druck, den er ausübte, liess seinen Tod als Erleichterung erscheinen. Und als nun Gajus seines Grossoheims Andenken selbst preisgab, [7]) ergossen sich die Fluten, welche so lange gestaut waren, über den verhassten Toten: Lüge und Warheit, wer vermochte sie damals auseinander zu halten?

---

[1]) V. Paterc. II. 131. Val. Maxim. procem II. 9. 6.
[2]) Tac. IV. 34. Verurteilung des Cremutius Cordus. — Tac. II. 87. unde angusta et lubrica oratio sub principe, qui libertatem metuebat, adulationem oderat. Senec. Dial. VI. 1, 4. 22, 4. — de benef. III. 26, 1. —
[3]) Tac. III. 49. IV. 42, 31. II. 50. Suet. Tib. 59. vgl. Tac. VI. 38.
[4]) Jos. Antiqu. J. XVIII. 4. 2. 5. 3.
[5]) Philo de leg. ad. G. 993.
[6]) Zalreiche Inschriften, namentlich in den Provinzen, neunen ihn „justissimus".
[7]) C. Div. LIX. 4. Πρώτόςτε ὑβρίσας αὐτόν καὶ πρῶτος λοιδορήσας ὥστε καὶ τοὺς ἄλλους, ἐκ τούτου χαριεῖσθαι οἱ νομίσαντες προπετεστέρα παρρησία χρήσασθαι. — LIX. 16. Μέχρι μὲν οὖν τοῦ χρόνου τούτου αὐτός τε τὸν Τιβέριον ἀεὶ καὶ πρὸς πάντας κακῶς ἔλεγε καὶ τοῖς ἄλλοις τοὺς κακηγοροῦσιν αὐτὸν καὶ ἰδίᾳ καὶ δημοσίᾳ οὐχ ὅσον οὐκ ἐπίτιμα, ἀλλὰ καὶ ἔχαιρε.

1

Gajus unterdrückte zwar bald diese Regungen; allein Claudius' Vorliebe für Geschichte mochte dem Aufidius Bassus [1]) und Servilius Nonianus [2]) eine zusammenhängende Publication ermöglicht haben. [3]) Davon soll später die Rede sein. — Neros Begünstigung der Dichtkunst zog die Geister auf dieses Gebiet, um so eher, als sein Regiment sicherlich dazu nicht angetan war, ihnen das der Geschichtschreibung betretbar erscheinen zu lassen. Deren Pflege nam nun erst Plinius wieder auf, vorsichtig genug die Publication seines Geschichtswerkes dem Neffen überlassend. [4]) Erst die milde Regierung Trajans und der Antonine öffnete der Geschichte den lange verschlossenen Mund, und mit der Veröffentlichung der Schriften des älteren Plinius begann eine Reihe historischer Publicationen, darunter die der Werke Suetons und Tacitus. [5])

Das letzte, was Tacitus veröffentlichte, waren die Bücher ab excessu divi Augusti, deren ersten sechs, die Regierung des Kaisers Tiberius umfassend, der Gegenstand vorliegender Untersuchung sein mögen.

Was fand nun Tacitus für Materiale vor? — Aus dem Gesagten könnte man bereits auf den Charakter desselben schliessen. Würden wir nur Suetons Kaiserbiographien besitzen, müssten wir schon erkennen, wie über Tiberius die divergirendsten Ueberlieferungen verbreitet, ja verarbeitet waren, wie Vorliebe und Gehässigkeit, Gutes und Schlimmes kritiklos sich verbanden. —

Literatur. Die Frage nach den Quellen, welche Tacitus bei Abfassung der Geschichte des Kaisers Tiberius benutzt habe, wurde schon 1795

[1]) Tac. Dial. 23. Quint. X. 1. 108. Plin. h. n. VI. 9. 27.
[2]) Tac. a. a. O. und ab exc. XIV. 19.
[3]) Möglich, dass damals auch der Rhetor Seneca und Lentulus Gaetulicus ihre Schriften veröffentlichten. Suet. Cal. 8. Claud. 9. Da aber die Ueberlieferungen über Lentulus bei Plinius ep. V. 3. 5. und Sid. ep. II. 10. seiner nur als Dichter gedenken, so gewinnt die Meinung Otto Johns in praef. zu Persius CXLII. sehr an Warscheinlichkeit, wonach er nemlich vielleicht die Feldzüge in Deutschland besungen hätte. In Bezug auf An. Seneca. vgl. A. Senec. Frgm. XV. ed. Haase. —
[4]) Plin. ep. III. 5.
[5]) Aus den Briefen des jüngeren Plinius (I. 18. V. 11. X. 95.) wissen wir, dass er dem literarischen Freundeskreise desselben angehörte, in welchem wol Tacitus die geachtetste Stellung einnam. (epp. VI. 6. 20. VII. 20. 33. IX. 14.) — Die Historien des Tacitus scheinen vor Suetons Biographien veröffentlicht worden zu sein; im Briefe V. 8 fordert er Sueton zur endlichen Publication auf, und wärend die Briefe VI. 16. 20. VII. 20. 33. VIII. 6. Tacitus mit den Historien beschäftigt erscheinen lassen, die in ep. IX. 14. als vollendet angesehen werden, ist von Sueton noch immer nicht die Rede. — Was die Bücher ab exc. d. A. betrifft, so kann ich nur auf die Ansichten Roth's und Nipperdey's verweisen. Nach dem ersteren (Einleitung zu Sueton) würde derselbe sein Werk zwischen 118 und 120 edirt haben, und nach Nipperdey, der auf Tac. I. 61. IV. 4. gestützt, die Herausgabe der Bücher ab excessu auf 116—117 fixirt, würden auch diese Sueton vorausgegangen sein. Vgl. Reichaus dissert. pag. 9, wo er hinweist auf d. Vergleich Suet. Oct. 96/98 und 123. Vell. II. 123. Ich glaube übrigens, dass Teile von Suetons Biographien nur dem Freundeskreise bekannt waren, und erst später eine Gesammtpublication von ihm vorgenommen wurde; um so mer, da die späteren Biographien entschieden Besserung zeigen; — vielleicht wird sogar die Kritik, mit welcher er in Cal. 8. prunkt, auf den Einfluss seiner Zuhörer und Freunde zurückzuführen sein.

von Meierotto in Berlin zu beantworten versucht. Wesentlich im
Anschlusse an dessen Meinung hatte Karsten in seiner geschmack-
voll geschriebenen Abhandlung „de Taciti fide" (Amsterd. 1868) und
zwar im Proemium als Quellen angefürt: fasti, acta diurna, deren
Wert aber Tacitus gering anschlage, acta senatus, die er frei
handhabe und für deren Benützung Sentenzen und Senatsbeschlüsse
sprächen, Briefe Tibers und Adeliger, Edicte und Libelle. Am
meisten wol zeitgenössische Schriftsteller, die aber, wie aus vielem
hervorgehe, Tacitus unzuverlässig erscheinen. — Dabei käme es aber,
meint Karsten, auf die Anschauung an, von welcher sich Tacitus bei
der Auswal bestimmen liess. — Alle römischen Schriftsteller
schrieben ihre Geschichten tendenziös, und um so mer die des
Tiberius, da dessen eigentümliche Haltung zu den verschiedensten
Auslegungen Veranlassung gab. Karsten greift nun in seiner eigentlichen
Abhandlung merere (8) Momente heraus, an denen er, wie Freytag
in seinem Werke: „Tacitus und Tiberius" (1870) mer die Haltung
Tibers rechtfertigt, als die Anschauungen des Tacitus corrigirt oder
sich erklärt. Freytag und Karsten gleichen sich, so ser des letzteren
Ruhe und Würde sich abhebt von der überstürzten Leidenschaftlichkeit
des ersteren, darin, dass sie den Intentionen Sievers und Stahrs
folgen. — Ueber letzteren habe ich mich u. a. im liter. Centrbl. 1874
153/56 ausgesprochen. — Das mit grossem Fleisse geschriebene Buch
Freytags ist aber wie Stahrs Biographie des Kaisers Tiberius, voll
der unwürdigsten Ausfälle auf Tacitus und schiesst der Verf. mit
seiner Ehrenrettung Tibers weit über das Ziel hinaus. Nach moderner
demokratischer Biedermanns-Manier erblickt er in Tiberius das Ideal
eines constitutionellen Regenten und in Tacitus das Prototyp der
modernen Dutzendliberalen, welche für jedes Unglück die Regierung
verantwortlich machen. Wenn Freytag S. 314 Tiberius den „Einzigen"
nennt, so ist das Geschmackssache, ebenso wie wenn er ihn mit
Friedrich d. Gr. von Preussen vergleicht. Freilich ist letzterer
Vergleich aus Mommsens Munde genommen und am Ende eine bei
einem Verehrer demokratischen Caesarentums begreifliche Privat-
ansicht. In Bezug auf die Quellen aber bewegen sich Stahr wie
Freytag in Allgemeinheiten. Ersterer findet in Tacitus nur die
gehässigen Mitteilungen der „germanicus-agrippina'schen" Partei,
ebenso wie Freitag, der S. 212 wenigstens ausspricht, dass die
angefürten Reden dem kaiserlichen Archive entnommen wären.

Karsten aber macht Tacitus den Vorwurf, dass seine Kritik der
Tätigkeit Tibers der Objektivität bedeutenden Eintrag getan habe,
und lässt sich hie und da, ebenso wie die eben genannten Kritiker
zu änlichen politisch-doktrinären Vorwürfen verleiten. [1]

In dieser Beziehung urteilt Süvern [2] unstreitig treffender,
wenn er in Beziehung auf Tac. III. 28 Hist. II. 18. Agric 3, 44

---

[1] Riedels Abhandlung „Ueber d. Parteistandpunkt des Tacitus" im Progr.
d. Gymn. d. theres. Akademie, Wien 1875, ist nicht viel mer als eine Wiedergabe
der Vorwürfe Stahrs und Sievers

[2] Abh. d. Berl. Akad. XXIII. S. 84. Ueber den Kunstcharakter des Tacitus.—

bemerkt, dass Tacitus die Monarchie als notwendig acceptirte‘ und in Nero und Trajan das ware Ideal eines Princeps sah. — Wärend die eben erwänten also nur Tacitus Auffassung zum Gegenstande ihrer Untersuchungen machten, beschäftigten sich die folgenden Abhandlungen mer mit der erstgenannten Aufgabe — den Quellen. Zuerst hat R e i c h a u in seiner Dissertation (de fontium delectu, quem in Tiberii vita moribusque describendis Vellejus Tacitus Suetonino Cassius Dio habuerunt Regiom 1865) die Quellenfrage zu behandeln versucht. — Er geht aus von der Correctur der Urteile Sievers, Merivale's und Stahr's, indem er ganz richtig bemerkt, dass es doch hiebei hauptsächlich auf die Quellen ankomme, welche die Historiker Tibers benutzten. Er bringt im 2. Theile seiner Abhandlung eine Liste der übereinstimmenden Stellen von C. Dio und Tacitus, dann bespricht er die Verschiedenheiten. Ebenso geht er mit Sueton vor und macht dabei aufmerksam, dass in Anekdotenhaftem C. Dio bei weitem die beiden andern Historiker Tibers Tacitus und Sueton übertreffe. Er unterlässt ferner nicht zu bemerken, dass C Dio's Geschichtswerk hier manche Lücken zeige, so felen u. a. die Ereignisse der Jare 771 und 773. Reichau fürt nun viel auf Benützung der „acta" zurück (pag. 28/30), „diurna populi" wie acta senatus, wobei jedoch Tacitus wälerisch vorgegangen sei. Er macht ihm den Vorwurf, dass er durch seine Auswal geradezu das Urteil des Lesers praeoccupire. Zu weit geht aber jedenfalls die Behauptung, die „rumores" wären in den actis diurnis gewesen; denn erstlich waren dieselben just nicht immer schmeichelhaft für die kaiserliche Familie und wird das Blatt,[1] welches aus der kaiserlichen Kanzlei hervorgieng, schwerlich selbe aufgenommen haben. Reichau denkt zwar hiebei mer an den modernen officiösen und officiellen Dementirapparat der Amtsblätter, welche die Gerüchte im Publicum widerlegen sollen. Die günstigen Urteile Suetons lässt er ebenfalls dem Tagblatt entnemen, (pag. 10.) was der Denkungsart Tibers gar nicht entspricht, und übrigens keineswegs die Differenz zwischen der ersten und zweiten Hälfte der Biographie Tibers bei Sueton genügend erklärt. Eher zu unterschreiben ist die Meinung, dass die notizenartigen Anzeigen von Todesfällen und Leichenfeiern aus den actis diurnis herübergenommen seien. — Wir werden noch darauf zu sprechen kommen. — Viel gibt er endlich auf die eingestreuten Briefe. Aus der Benützung ähnlicher würde sich auch so mancher strategische oder taktische Schnitzer erklären, die man seinen Schlachtenbeschreibungen vorwirft. [2] Wenn aber in Betreff der acta Reichau behauptet, C. Dio habe diese selbständig oder deren Excerpte benützt und schriebe mit eigenem Urteile, so ist das eine durch nichts gerechtfertigte Vermutung, gegen welche eine vielleicht noch giltigere ausgesprochen

---

[1] Vgl. Hübner de senatus populique Romani actis in Fleckeisen Jhrb. suppl. pg. 559. ff.

[2] Spengel. Abh. d. Münch. Akad. 1855. S. 701 u. ff.

werden kann, nämlich dass C. Dio Schriftsteller vor sich hatte, welche
nach Originalquellen schrieben. — Zum Schlusse lässt uns aber
Reichau doch wieder ganz im Ungewissen.
In änlicher Weise fasst J. Froitzheim seine Aufgabe auf.
In seiner Dissertation (de Taciti fontibus in libro I. annalium.
Bonn 1873) geht er ebenfalls aus von dem Vergleiche zwischen Cass. Dio
und Tacitus, woraus er gleich auf eine beiden gemeinsame
Quelle schliesst.
    Namentlich aber sei in der Geschichte des Legionenaufstandes
Tac. der gemeinsamen Quelle treu geblieben, weil er sonst einer
etwaigen Differenz gedacht hätte (pag. 10). Letzteres ist aber nicht
so ganz richtig, denn (I 29) beim pannon. Aufstande bezieht sich das
„tradunt plerique“ doch auf verschiedene Angaben bei verschiedenen
Schriftstellern, und anderseits wird die Differenz zwischen C. Dio
und Tacitus in Bezug auf das Ende des Aufstandes der germanischen
Legionen auch nicht dadurch erklärt, ebensowenig wie andere Verschiedenheiten.[1]) Denn es heisst doch C. Dio mer zumuten als gestattet
ist, wollte man mit Froitzheim annemen, dass C. Dio zur Correctur
dieses gemeinsamen Autors einen andern Autor verwendete. Denn
erstlich kann man einen solchen Vorgang ja mit gleichem Rechte bei
Tac. voraussetzen und endlich dürften wir wol zur Erklärung des
eigentümlich abfallenden Schlusses eher behaupten, dass darin Dios
Privatmeinung sich kennzeichnet, der, zwei Jarhunderte später lebend,
über Soldatenmeutereien höchst nüchtern denken zu lernen persönlich
Gelegenheit gehabt hatte. — Dass Tacitus jedenfalls eine secundäre
Quelle hier verwendet habe, schliesst Froitzheim noch aus dem
Umstande, dass er den Gajus im Lager und nicht in Antium geboren
werden lasse, und dass er unklar sei in Betreff des Ortes, wo
Agrippina damals im Jare 14 niederkam. — Was das erste anbelangt, so will ich vorderhand nur aufmerksam machen, dass Tacitus,
da von der Stimmung im Lager die Rede ist, nur die populäre
Meinung wiedergibt, und dass dem Gewärsmanne des Tacitus dieser
wie der zweite Punkt eigentlich gleichgiltig sein mochte. — Froitzheim hat in einer im Anhang beigefügten Abhandlung immerhin
treffend dargetan, dass die jüngere Agrippina am 6. Nov. d. J. 14
n. Ch. zu Ara ubiorum und Drusilla in vico Ambitarvis in Treveris
geboren sei. Tac. lässt den Leser wol über dies alles im Unklaren,
so dass man scheinbar die Meinung bekömmt, Agrippina wäre im
J. 14 zu Trier niedergekommen. [2]) — Agrippina, glaube ich, wollte
eben nach Trier abgehen, wurde schon am ersten Tage unpässlich und
kerte wieder nach Ara Ubiorum zurück. — Für den Historiker aber
konnte das im Verhältnisse zum Legionenaufstande gleichgiltig sein.
    Endlich schliesst Froitzheim aus dem Vergleiche der Berichte
des C. Dio und Tacitus über Augustus' Ende, dass beide eine

---

[1]) In gleicher Weise spricht sich Dr. J. J. Müller in Bursian's Jahresber. 1877
Seite 257 aus, wo er die sophistische Erklärung der Differenzen zurückweist.
[2]) Wölfflin pflichtet ebenfalls dieser Meinung ganz überzeugt bei. Bursian
Jahresber. 1875. pg. 750.

gemeinsame Quelle benutzten. Er machte wol die Beobachtung, dass C. Dio vieles erzält, was wir bei Tacitus vermissen, berücksichtigt aber nicht auch das, was wir bei Tacitus lesen und bei Cassius Dio vergeblich suchen. Die sophistische Erklärung dieser Differenz hat auch Prof. Müller a. a. O. zurückgewiesen. — Der gemeinsame Autor aber, so schliesst Froitzheim aus Dio 59 und Tac. I: „recens „facinus Chaercae", habe in Claudius Zeit geschrieben. [1]

In Bezug auf die Anname einer C. Dio und Tacitus gemeinsamen Quelle steht Froitzheim nicht allein. Auch Fr. Thamm, der ebenfalls die Quellenfrage zum Gegenstande seiner Dissertation (de fontibus ad Tiberii historiam pertinentibus Halle 1874) macht, glaubt aus der Aenlichkeit der beiden Historikern gemeinsamen Ueberlieferungen einen solchen Schluss ziehen zu müssen.

Er zieht zum Unterschiede von Froitzheim die ganze Geschichte Tibers in den Kreis seiner Betrachtung und gipfelt seine Untersuchung in der Behauptung (pag. 16), dass Dio leichtgläubiger, Tacitus reservirter dieser gemeinsamen Quelle gegenüber sich verhalten habe, wodurch sich der Ueberschuss von Nachrichten und Einzelnheiten bei ersterem erklären liesse.

Dass Sueton und Tacitus sich in der Geschichte der letzten Regierungsjahre mer nähern, ist, meines Erachtens richtig bemerkt, und werde ich Gelegenheit haben, diesen Umstand noch zu berüren. Wärend nun Thamm diesen sich nicht erklären kann, fürt er die Uebereinstimmung zwischen C. Dio und Tacitus, wie sie sich hie und da findet, auf Aufidius Bassus zurück (pag. 40), die, zwischen Sueton und Dio, möglicherweise auf Servilius Nonianus. Aber wie es unter obwaltenden Umständen, bei dem Mangel jeder irgendwie lichtbringenden Nachricht erklärlich ist, kommt es auch hier zu nichts weiter als zu diesen problematischen Behauptungen. [2]

Einige Jare vor den zwei letztgenannten Abhandlungen (1870) war die Arbeit Octav. Clasons erschienen: „Tacitus und Suetonius", worin ebenfalls die Quellenfrage behandelt wird. Von C. Dio und einem Vergleiche mit dessen Historien sah der Verfasser ab und nicht ohne Geschick hat er, so weit es die vorhandenen Aufzeichnungen möglich machten, die beiden etwaigen Historiker Tibers vor Tacitus charakterisirt: Aufidius Bassus und Servilius Nonianus, von denen der erstere (pag. 51) mit einem gewissen philosophischen Ernste und entsprechender Würde sein Werk, indess der letztere, mer Weltmann als Aufidius, memoirenartig, nicht ohne Pikanterien seine Geschichte geschrieben haben mochte. So dass dieser mer für Sueton, jener mer für Tacitus massgebend gewesen sein muss, (pag. 71) und dass also der letztere, um mit O. Clason zu reden, als Hauptquelle Aufidius Bassus benutzte.

[1] Wölfflin acceptirt auch hier die Ansicht Froitzheims, indem er in Tacitus' Geschichte wesentlich das Werk des Aufidius Bassus wiederzufinden glaubt. a. a. O.
[2] Auch Müller weist die auf „wackeliger" Grundlage aufgebauten Hypothesen Thamms zurück. a. a. O. —

So verlockend die ganze Argumentation erscheint, kann man doch derselben nicht unbedingt beipflichten; denn wenn O. Clason auch in einem eigenen Abschnitte über die acta senatus, die Anname einer Benutzung derselben durch Tacitus hinfällig gemacht zu haben glaubt (pag. 111), so ist einerseits doch zweifelhaft, ob unter Tiberius die Schriftsteller Einsicht in die acta senatus nemen durften, und anderseits ist die Anname einer Ausschreibung des Aufid. Bassus geradezu nur auf unmassgebende äusserliche Momente gestützt.

Noch ein wichtiger Umstand ist ferner übersehen worden von O. Clason, wie von allen genannten Gelerten, nämlich das Urteil, welches Tacitus wiederholt über die Historiker Tibers äussert, und das seinen lebhaftesten Ausdruck nicht am wenigsten darin findet, dass er mit Ausname des Plinius aber auch nicht einen mit Namen nennt, da er doch in den übrigen Büchern der Annalen wenigstens drei ausdrücklich bezeichnet. Ja bei einem Fabius Rusticus äussert er ganz offen sein Bedenken. Und doch müssen sie ihm vertrauenswürdiger geschienen haben als die Historiker des Tiberius. Die Bemerkung, die Clason macht, dass in den vier letzten Büchern der Annalen das Verfaren des Tacitus klarer sei als in allen andern, ist wol richtig, weil er vorhandene histor. Werke benützenswert fand, dass aber O. Cl. (pag. 99) es als Fortschritt hinstellt, dass die „Einzahl der Grundquelle" einer „Dreizahl" Platz machen musste, ist, wie aus dem oben gesagten erhellt, nicht gerechtfertigt.

Wärend sich alle eben genannten Gelerten, Reichau ausgenommen, für die Verwendung bereits vorhandener annalistischer Geschichtswerke durch Tacitus aussprechen, hat Dr. Rud. Weidemann in mereren Programmen des kgl. Gymnasiums zu Cleve[1] 1868/69/73 zu einer anderen Ansicht sich bekannt. Namentlich in dem von 1869 hat er den freilich nicht erschöpfenden Beweis zu bringen gesucht über den Gebrauch, welchen Tacitus von den acta senatus machte, wärend die letzte Arbeit, veröffentlicht 1873, in merkwürdiger Weise dem Gewärsmanne unseres Historikers nachspürte. — Noch unbekannt mit Dr. Weidemann's Arbeiten, hatte ich längst auch denselben Weg betreten, und fand ich mich überrascht, einem andern hier zu begegnen. — Ob er wol denselben Namen aussprechen wird, kann ich natürlich nicht voraussehen; ich nenne ihn im letzten Abschnitte vorliegender Untersuchung.

Mir eine nähere Besprechung der Arbeit an dieser Stelle erlassend, da ich im Verlaufe noch wiederholt dieselbe zu erwänen haben werde, füre ich nur folgendes an: Weidemann's Abhandlungen sprechen sich dahin aus, dass Tacitus der Benützung eines älteren Annalisten sich nicht entschlagen konnte;[2] diesem nun spürt er

---

[1] Die zwei letzten Programme wurden mir auf mein Ansuchen vom Director des Gymnasiums in der zuvorkommendsten Weise zur Verfügung gestellt, wofür ich an dieser Stelle meinen wärmsten Dank ausspreche.
[2] So scheint auch Prof. Wölfflin die Abhandlung zu beurteilen. a. a. O.

nach und findet, dass gewisse Eigentümlichkeiten mit dem Charakter
der etwa in Betracht kommenden Schriftsteller sich nicht decken.
Das wird sich wol, wie wir noch sehen werden, schwerlich in
Abrede stellen lassen, dass Tac. ein schon vorhandenes Annalenwerk
benützte, darin kommen fast auch alle überein; aber d i e F r a g e ist
damit nicht vollkommen beantwortet, in w e l c h e m M a s s e T a c i t u s
von denselben Gebrauch machte. Und gerade da glaube ich, wesentlich
die bisherigen Meinungen richtig stellen zu können.
Tacitus musste in seiner Geschichte Tibers, dessen Charakter,
wie Oct. Clason sagt, so schwer zu entwirren war, originaler sein
als in seinen früheren Arbeiten. Schon der Fortschritt, den die
wiederholte Beschäftigung mit Geschichte hervorbringt, in Erforschung
und Beurteilung von Tatsachen und deren Ueberlieferung, lassen uns
dies noch begreiflicher erscheinen.
Was sollen die genauen Berichte über Senatsverhandlungen,
die Geschichte des Germanicus, gewisse Details, die scheinbar one
Interesse sind, und worin die Erzälungen auffällig von denen C. Dio's
und Sueton's sich unterscheiden? Beweis genug, wie wenig ihm mit
den vorhandenen Geschichten gedient war, und wie er auf Originalquellen Rücksicht zu nemen sich bewogen, ja genötigt sah.
Tacitus fürt uns nur e i n Geschichtswerk namentlich an, das
Werk des Plinius [1] über die Kriege in Germanien, wärend er anderer
nur verhüllt gedenkt, und über die Unklarheit und Unsicherheit des
Ueberlieferten klagt, durch Anfürung merer Quellen, die Unzuläng-
lichkeit einzelner wett zu machen sucht, [2] und selbst wo er auf sie
angewiesen ist, in der absprechendsten Weise über sie urteilt. [3] Es
ist klar genug, wie ungenügend Tacitus die Ueberlieferung fand, wie
sie sich ihm, als er an sein Werk gieng, darbot.
Um so ungenügender als gerade die Regierung Tibers so wich-
tige Momente der Beurteilung würdig aufweist, die eben von denen,
die unmittelbar nach dessen Ableben die Geschichte schrieben,
unbeachtet geblieben waren; ja vielleicht weil ihnen, da sie der Zeit
zu nahe standen, d e r weite Ausblick nicht möglich war, welcher
Ursache und Wirkung zugleich überschaut.
Tacitus jedoch hatte die ganze Last gewisser Einrichtungen
Tibers in ihren Folgen verspürt und lebte in der Zeit, welcher

---

[1] Tacit. I. 69.
[2] Tac. I. 13. quidam tradidere. I. 29. tradunt plerique. I. 53. quidam tradidere . . . auctore Tiberio. I. 76. varie trahebant. (?) — I. 80. causae variae traduntur.
II. 17. quidam adgnitum . . . tradiderunt. — II. 29. ut tradidere quidam. II. 40. quidam
tradunt. II. 43. credidere quidam. II. 88. scriptores eorundem temporum. III. 3.
auctores rerum. IV. 10. quae plurimis maximeque fidis auctoribus memorata.
IV. 53. a scriptoribus annalium non traditum. IV. 57. secutus plurimos auctorum.
VI. 23. tradidere quidam.
[3] Tac. I. 1. Tiberii Gajique Claudii ac Neronis res florentibus ipsis ob metum
falsae postquam occiderant recentibus odiis compositae. III. 19. adeo maxima
quaeque ambigua . . . . dum alii quoquo modo audita pro compertis habent, alii
vera in contrarium vertunt. IV. 11. nec quisquam scriptor tam infensus . . Tiberio . .
cum omnia alia conquirerent intenderentque. VI. 7. non sum ignarus a plerisque
scriptoribus ommissa multorum pericula et poenas.

republikanische Regierung nur mer Erinnerung war; aber in welcher
man, als die Wogen ruhig gingen, den ganzen Umwandlungsprocess
des ersten Jarhunderts überschauend, über die Ursachen der gewal-
tigen Wirkungen sich klar war.

Tacitus hatte mit richtigem Blicke erkannt, dass das Gewicht
der ganzen Regierungsgeschichte Tibers in jenem staatsrechtlichen
Processe ruhe, den dieser Kaiser mit den schärfsten Mitteln, welche
die Gesetze bieten konnten, zu Ende zu füren bestrebt war, und
dieser Process vollzog sich im Senate. — So stehen die altadeligen
Geschlechter, die besten Senatoren allmälig als seine Gegner da.
Dazu kommen die Eifersüchteleien der julischen Familienmit-
glieder am kaiserlichen Hofe, die in Germanicus und dessen zalreichen Nachkommen vertreten waren; welche ferner im Vergleiche
zu dem rätselhaft verschlossenen Claudier, dessen Vorgehen selbst
den Besseren unbegreiflich hart scheinen musste, die Sympathien
sowol derer gewannen, welche noch an republikanischen Remini-
scenzen hiengen, als derer, welche mit den gewordenen Zuständen
ausgesönt in Germanicus den leutseligen herzgewinnenden Augustus
wiederzusehen glauben mochten.

Es lassen sich auch in den geschichtlichen Ueberlieferungen
gleichsam drei Kreise von Nachrichten scheiden, deren Mittelpuncte
der Senat als Vertreter des patricischen Adels, Tiberius und Germanicus waren.

Mit all diesen Momenten musste Tacitus rechnen, aus diesen
drei Kreisen von Nachrichten setzte sich die ganze für Tacitus Streben
unbrauchbare Geschichtsschreibung kritiklos zusammen, und so musste
ihm die Aufgabe erwachsen, überall, wo er konnte, von der bisherigen Darstellung absehend, einerseits denjenigen Ueberlieferungen
sich zuzuwenden, welche jenen drei Kreisen angehören, aber verhältnismässig am meisten sine ira et studio ihm erschienen, anderseits
das auszumerzen oder abzuschwächen, was von Vorliebe oder Hass
dictirt schien.

Wie weit er sich aber an die bisherige annalistische Darstellung
anschloss, soll zuerst gezeigt werden.

I.

Tacitus und die herrschende Ueberlieferung der Annalisten.

Es wird hiebei vor allem darauf ankommen die Beziehungen kennen zu lernen, welche obwalten zwischen den ersten sechs Büchern ab excessu divi Augusti und den Schriften der andern Historiker Tibers C. Dio und Sueton. Es gilt hier nicht Tatsachen nachzugehen, die R i c h t i g k e i t der einen oder andern Ueberlieferung zu bestreiten oder zu beweisen; nein, der Vergleich soll nur beleren, wie weit Tacitus von den Werken seiner Vorgänger auf dem Gebiete der Geschichte Tibers Gebrauch gemacht hat. Wie anders wäre dies übrigens möglich? — Wir dürfen uns der scheinbar unfruchtbaren Aufgabe nicht entziehen aus dem Vergleiche der Schriftsteller beurteilen zu lernen, wie Tacitus seine Aufgabe auffasste.

Weidemann glaubt zwar (Progr. 1868), dass bei einer Vergleichung zwischen Tacitus, C. Dio und Sueton nicht viel für die Quellenkunde bei Tacitus herauskomme. So ser nun diese Behauptung den Beweis ihrer Richtigkeit in dem Erfolge der bisher geführten Untersuchungen gefunden zu haben scheint, ist es doch bedenklich den Vorgang ganz abzulehnen, da man dadurch nichts gewinnen, wol aber eine sichere Grundlage verlieren kann. Dass nicht viel herausgekommen ist, wirkt als Argument nur so lange, als man nicht erkennt, dass all den Arbeiten eine gewisse Schulmeinung a priori zu Grunde liegt. Auch in Bezug auf das zwischen C. Dio und Livius wie Sallustius bestehende Verhältnis herrschen zwei verschiedene Ansichten, deren eine von Wilmans, indess die andere von Grasshof verfochten wird. Wilmans[1]) findet in Dios römischer Geschichte vor Augustus ein wares Mosaik, das seine Entstehung der breitesten Quellenbenützung verdanke, indem er mit einem Aufwande von Belesenheit und Diftelei für jedes Sätzchen eine andere Originalquelle verantwortlich macht. Grasshof[2]) geht dagegen höchst nüchtern zu Werke und fürt das meiste auf fertige römische Geschichtswerke zurück, welche Dio übersetzte, selten corrigirend, öfter missverstehend ausschrieb.

In änlicher Weise divergiren die Anschauungen über seine Geschichte der Kaiser. Der eine, wie wir schon gesehen, glaubt behaupten zu können, dass C. Dio acta senatus und diurna ver-

---

[1]) Wilmans. De fontibus et auctoritate Dionis Cassii. Berlin 1835.
[2]) Grasshof. De fontibus et auctoritate Dionis Cassii Cocceiani. Bonn 1867.

wendete, also nach Originalquellen arbeitete, wärend anderseits
Egli[1]) und Knabe[2]) (ersterer wenigstens für Domitius Corbulo's
Feldzüge in Armenien) bei Dio nur eine Copie von Tacitus Erzälung
wieder finden. — Allein auch diesen gegenüber machen wieder
Hermann Schiller[3]) und Wilhelm Sickel[4]) auf die Ver-
schiedenheiten aufmerksam und kommen zu dem Schlusse, dass
Cassius Dio nur einer von Tacitus wol merfach eingesehenen Quelle
folge, und stimmen damit im ganzen mit Froitzheims und Thamms
Ansichten[5]) überein.

Das ist so ungefär der heutige Stand der Frage; es gilt nun
von neuem daran zu gehen, nochmal den Versuch zu machen das
vieldurchfurchte Feld wieder zu pflügen, selbst wenn die einzige
Frucht der Arbeit die Ueberzeugung wäre, dass auf diesem Boden
wirklich keine Saat gedeihe. —

Vorerst sollen in gedrängter Kürze diejenigen Momente zusammengestellt werden, welche Tacitus vollkommen felen, in der
Erzälung Dios aber beiweitem den grössten Raum einnemen. Ich
brauche wol nicht erst hinzuweisen darauf, dass er die eigentliche
annalistische Erzälung mit dem Jare 15 beginnen lässt; leitet er sie
doch am Schlusse des c. 14 folgendermassen ein: λέξω δὲ καὶ κατὰ τοὺς
καιροὺς ὡς ἕκαστα ἐγένετο, ὅσα γε καὶ μνήμης ἄξιά ἐστιν. —

So dürfen wir uns nicht wundern, in den dem angefürten vorher-
gehenden Teilen des LVII. Buches, Geschichte und Charakteristik
zusammengeworfen zu finden. So ist gleich anfangs (c. 1) der zweideutige
Charakter des Kaisers, wie er sich in seinen Reden zeigt, hervorgehoben. Man sieht auf den ersten Blick, dass es die allgemein
geltende Meinung war, wie sie die Historiker Tibers geschaffen
haben. Nachdem er die Uebernamc der Regierung und die Legionen-
Aufstände, welche unten noch von mir besprochen werden sollen,
erzält hat, schildert er im Einklange mit Sueton (Tib. 28, 31) in c. 7
das Verhalten Tibers im Senate und bei Gericht, erwänt dessen
Achtung vor der Meinung anderer und zält (c. 8) die Namen und
Titel auf, die er fürte (vgl. Suet. Tib. 26).

Wir vernemen das geflügelte Wort Tibers δεσπότης μὲν τῶν δούλων
αὐτοκράτωρ δὲ τῶν στρατιωτῶν, τῶν δὲ δὴ λοιπῶν πρόκριτός εἰμι. Ferner nur so
lange wolle er leben, als es dem gemeinen Besten zuträglich sei (vgl.
Suet. Tib. 26). In seiner Bescheidenheit gestattete er keine besondere
Feier seines Geburtstages, und selbst zu Neujar vermied er es im Senat
zu erscheinen, um so den andern die Kosten zu ersparen; er selbst
habe es an Augustus oft tadelnswert gefunden Geschenke zu Neu-

---

1) Egli. Die Feldzüge in Armenien. Büdinger Unters. z. röm. Kaiser-
geschichte I. 335.

2) Knabe. Diss. de fontibus hist. imp. Jul. Halis Sax. 1864. p. 40,41.

3) Schiller. Gesch. d. röm. Reiches unter Kaiser Nero. 1872. Vorwort p. 29.

4) Sickel G. De fontibus a Cassio Dione in conscribendis rebus inde a Tiberio
usque ad mortem Vitelli gestis adhibito. Göttingen 1876. pag. 38. 55. —

5) Siehe oben S. 5 u. ff.

jar zu empfangen. — Ebenso verbot er Städten und Bürgern Tempel oder Bildsäulen ihm zu Ehren zu errichten ohne seine specielle Erlaubnis [Tacitus fürt etliche Fälle an] und m ü n d l i c h erklärte er im Privatgespräche, er werde eine solche nie erteilen (c. 9).

An dieses Lob seiner Bescheidenheit reiht sich das seiner Sorge für redliche und gerechte Verwaltung; bei Auszalung von Unter-stützungen suchte er durch seine Anwesenheit jeden Unterschleif zu verhindern; einem Statthalter aber, der eine neue Steuer vorschlug, schrieb er καίρεσϑαί μοι τὰ πρόβατα ἀλλ' οὐκ ἀποξύρεσϑαι βούλομαι (c. 10, vgl. Suet. Tib. 32).[1])

Hierauf rümt Dio des Kaisers Herablassung, Senatoren und Magistratspersonen gegenüber (c. 11. vgl. Suet. Tib. 26, 32, 47), seine Zuvorkommenheit gegenüber dem Volke [2]) wärend der Dauer der Ritterspiele oder anderer Festlichkeiten (vgl. Suet. 47) und hebt andererseits hervor den geradezu vertraulichen Verker, den Tiberius mit seinen Freunden unterhielt. — So suchte er auch die Herrsch-sucht und Eitelkeit der Kaiserinmutter Livia einzudämmen und ver-bot ihr geradezu bei Gelegenheit einer Feier, Senat und Ritterschaft zu bewirten.[3]) (c. 12.)

Doch neigte der Kaiser allmälig zur Strenge (c. 13), wiederholt rügt er seinen Sohn Drusus der „ἀσελγίστατος ὠμότατος" seinen Wider-willen herausgefordert; denn selbst mässig, bestrafte er die Zügel-losigkeit. Nur ein eigenes Gesetz dagegen zu schaffen unterliess er, da man, sobald einmal die Scheu vor dem Gesetze überwunden sei, sich gar nicht mer daran kere.[4]) Dafür belerte er durch sein Bei-spiel die Verschwender, welche trotz des Luxusgesetzes Purpurkleider trugen, indem er selbst zu den öffentlichen Spielen sich in dunklem Anzuge hinbegab.

Nachdem Dio dieses Charakterbild vorausgeschickt, lässt er die annalistische Erzälung mit dem Jahre 15 beginnen. — Von da an sind es eben auch wieder viele Momente, für deren Kenntnis wir geradezu nur C. Dio verpflichtet sind, da sie von Tacitus meist über-gangen, von Sueton oft nur zum Teile überliefert werden. Wir sind uns freilich nicht unklar über den geringen Wert mancher dieser Originalnachrichten, wie gleich Anfangs c. 14 der Anekdote beim Leichenbegängnisse des verstorbenen Augustus; [5]) aber sie sind

---

[1]) Sueton nennt uns den Namen des Betreffenden, nämlich Aemilius Rectus, welchem Tiberius geschrieben: boni pastoris esse tondere pecus nou deglubere.

[2]) Sueton erzält uns wie Dio, dass Tiberius einem Schauspieler auf Wunsch des Volkes die Freilassung verschafft habe, und überliefert uns auch dessen Namen Actius. Suet. a. a. O.

[3]) Sueton fürt einen anderen Zug änlichen Charakters an (Tib. 50) ebenso Tacitus einen dritten bei Gelegenheit von Livias Erkrankung (III. 64).

[4]) Tacitus III. 53. bringt die Zuschrift, welche der Kaiser in dieser Ange-legenheit an den Senat richtete.

[5]) Bei dem Leichenbegängnisse flüsterte Einer dem Leichnam ins Or, dass die Legate des Kaisers noch nicht ausbezalt seien; Tiberius liess ihm sogleich die Summe auszalen, und dann hinrichten:

„ἵνα αὖ ἄγγελος αὐτῷ . . . . . γένηται. | Suet. Tib. 58. ducique ad supplicium imperavit ut patri suo verum referret. —

bezeichnend für seinen Gewärsmann. — So fügt er mit einer gewissen Akribie zu besagter Anekdote: „καὶ τοῦ μὲν τῷ προτέρῳ ἔτει γενέσθαι τινὲς λίγουσι.“ — In demselben Jare verbot Tiberius einem Ritter als Gladiator weiterzuspielen, nachdem ein anderer Ritter bereits gefallen war. —

In Bezug auf die Verwaltung wird mitgeteilt, dass der Statthalter von Creta starb, der Quaestor aber und dessen Beisitzer die Verwaltung fortführten, und dass der Kaiser den ersten Juni als Tag des Abganges in die Provinz für die Statthalter festsetzte. — So folgen ziemlich unvermittelt annalistische Nachrichten der verschiedensten Art, wechseln mit Anekdoten und Charakterzügen, ein Bild buntester Flickarbeit. —

Gelegentlich der Nachricht vom Tode eines Sones des Drusus hören wir, dass dieser seiner leidenschaftlichen Heftigkeit halber den Spottnamen Castor bekam, dass er, wie er sich gerne betrank, einmal bei einem Brande der Löschmannschaft, als sie nach Wasser rief, Glühwein reichen liess; dass er die Schauspieler begünstigte und sie zur offenen Verletzung der Theatergesetze, der vom Kaiser gegebenen, verleitete. — Trotz der Buntheit lässt sich aber der annalistische Zusammenhang nicht unschwer entdecken. Die Theatergesetze wurden im Jare 15 gegeben berichtet Tacitus (I. 77). Kurz vorher erwänt auch Tacitus der rauhen Gemütsart des Drusus, bei Gelegenheit als dieser den Gladiatorspielen präsidierte und in demselben Zusammenhange wird von beiden auch der Tiberüberschwemmung gedacht. — Im nächsten Jare wurde das Luxusgesetz gegeben (c. 15). Dio verweilt jedoch wie Sueton (Tib. 76) bei dem puristischen Eifer Tibers, der das Wort ἔμβλημα durch ein lateinisches ersetzt wissen wollte. — Ebenso wie Dio den Process des Libo, auf den wir noch zu sprechen kommen werden, benützt, um die Inconsequenz Tibers zu constatieren, der diesen so hart bestraft, wärend er einen eitlen Toren Vivius Rufus ungestraft auf dem Sitze, worauf Caesar ermordet worden, sich breit machen lässt. Der Mann hatte die Schwäche sich als Altrepublikaner zu geberden und desshalb auch die Witwe Ciceros geheiratet. Tacitus erwänt dessen mit keiner Silbe.

Aus den Nachrichten des Jares 16 hat Dio als bemerkenswert gefunden, dass die Anzal der Quaestoren unzureichend war, so dass man dem Uebelstande nur durch Belassung der Quaestoren des abgelaufenen Jahres in ihren Aemtern abhelfen konnte. — Auch beschäftigte sich eine Dreiercommission von Senatoren mit der Reconstruction verlorner oder unleserlich gewordener Urkunden. Ob die hierauf berichtete Feuersbrunst [1]) damit in Verbindung zu bringen, lässt Dio nicht erraten.

Zu Beginn des nächsten Jares nimmt Tiberius nicht nur keine Neujarsgeschenke, sondern erlässt sogar ein Verbot dagegen.[2]) Ein

---

[1]) Vgl. Tac. II. 48. „aedes vetustati aut „igni“ abolitas.“ . . . Auch Sueton (Tib. 48) spricht wie Dio davon, dass Livia auf der Brandstätte erschienen sei.
[2]) Dasselbe berichtet Sueton Tib. 34.

14

Fremdwort, das er hiebei gebraucht, lässt dem Kaiser nicht Ruhe, und er befragt seine Grammatiker; Atejus Capito spricht sich dafür, Marcellus freimütig dagegen aus.[1]) Man sieht worauf Dio und Sueton Wert legen, noch mer aber erkennt man den gemeinsamen Gewärsmann. — Doch Dio berücksichtigt auch die Verwaltung; wir lesen, dass Tiberius Gesandtschaften von Völkern und Städten nie allein empfieng, sondern immer andere Männer dabei zu Rate zog (c. 17). Im Jare 18 beantragte der Senat den November „Tiberius" zu nennen, weil in diesen sein Geburtstag fiel.[2]) Damals zeigten sich schon Anzeichen des nahen Todes des Germanicus und geheimnissvolle Sibyllensprüche liessen unerwartetes ahnen. Nach Germanicus' Tode aber tritt eine plötzliche Umwandlung in des Kaisers Charakter ein (c. 19): er erforschte anderer Männer Zukunft, um sie, falls sie gefärlich würden, zu beseitigen. Bald prophezeit man auch dem Drusus sein nahes Ende, da er zugleich mit Tiberius das Consulat bekleidet habe (c. 20). Indess geht die Verwaltung des Reiches ihren Gang; den Consulen verübelt es der Kaiser, dass sie anderen vor Gericht Beistand leisten (c. 21), die Tänzer werden aus Rom vertrieben; immer mer neigt sich der Kaiser zu unerbittlicher Strenge. Wol war er noch empfänglich genug, einen des Majestätsverbrechens angeklagten Prätor auf seine freimütige Verteidigung hin, freizusprechen, aber sein Misstrauen beginnt sich geltend zu machen, je mer Seian sich in seiner Gunst befestigt. Ein Architekt, der durch sein Talent, mit welchem er die Hebung eines ganzen Säulenganges bewirkt hatte, sich die allgemeine Bewunderung errungen, geht zu Grunde, weil er durch ein Kunststückchen, das er vor Tiberius ausfürte, dessen Verdacht erregte.[3]) — In demselben Jare, da Drusus starb, wird den Exilierten untersagt Testamente zu machen, Aelius Saturninus wegen eines Schmähgedichtes vom tarpeischen Felsen gestürzt. Viele fanden auf diese Weise ihren Tod, meint Dio (c. 22) indem er spricht: πολλὰ δ' ἄν καὶ ἄλλα τοιουτότροπα γράφειν ἔχειμι εἰ πάντα ἐπεξίοιμι. —

Der Kaiser begann nun alles aufs genaueste zu untersuchen; was immer an Schimpf- und Schmähreden über ihn ausgesagt wurde, liess er veröffentlichen, ja er log noch vieles hinzu, so dass man ihn geradezu von Sinnen hielt. — Um dem Senate Respect einzuflössen, liess er gar seine Garden vor demselben exercieren. (c. 24.)

Im nächsten Buche (LVIII) wird gleich anfangs die Geschichte des Sabinus erzält. Das Verhältnis dieser zur Taciteischen Darstellung[4]) wird noch zu besprechen sein, aber hier mag schon angefürt werden, dass Dio, es ist bezeichnend für seine Quelle, uns mit der Anekdote von dem Hunde dieses Unglücklichen unterhält, wie sie nach Plinius in den actis diurnis gestanden hatte.[5]) So müssen uns

---

1) Vgl. Sueton 71. Tiberius zauderte, das Wort monopolium zu gebrauchen.
2) Bei Sueton Tib. 26. verbietet der Kaiser den September „Tiberius" zu nennen.
3) Vgl. Plinius Nh. XXXVI. 75, wo wir dieselbe Geschichte wiederfinden.
4) Tac. IV. 68.
5) Plin. h. n. VIII. 145.

auch im c. 2, nachdem des Ablebens der Livia,[1]) der decretirten und unausgeführten Ehrenbezeugungen gedacht ist, Anekdoten und „καλῶς „εἰρημένα" dieser Frau für manches andere, was mangelt, entschädigen. Nur eins vergisst Dio nicht: auch an dieser Stelle gedenkt er des wachsenden Einflusses des Seian. — Weiterhin wird es, wenn nicht unmöglich, so doch bedeutend schwieriger Dios Geschichte mit der taciteischen Erzälung zu vergleichen, da von letzterer ein grosser Teil des V. und VI. Buches felt.

Erwänenswert dürfte wol auch für Tacitus das Schicksal des Asinius Gallus gewesen sein, mit welchem uns Dio (c. 3) in seltener Breite bekannt macht, allein der Teil felt in den Handschriften. Anekdoten, wie sie änlich [2]) auch Sueton (Tib. 61, 62) bringt, beleuchten die Eigenart des Kaisers zu strafen, durch Einkerkerung, und diese Strafe zu verschärfen durch die Beschränkung auf die allernötigsten Narungsmittel, welche gerade nur den Tod verhindern können. — Immer schärfer aber tritt die Gestalt Seians hervor, der selbst dem Kaiser schon unbequem wird.[3]) Damals nemen C. Rufus Geminius und seine mannhafte Gattin Publia Prisca ihr heldenmütiges Ende. — Seians Untergang aber naht unaufhaltsam. Dio leitet die Katastrophe ein mit der Schilderung des Benemens derer, die seine Gunst suchten (gl. Tac. I. 74). Er missachtet die Vorzeichen seines nahen Sturzes; die Briefe des Kaisers machen ihn wankend und unschlüssig (cc. 5. 6). Noch ernstere Vorzeichen gemanen heftiger; aber durch die vom Senate ihm decretirten Ehrenrechte verblendet, nimmt er, obwol durch einige Worte im kaiserlichen Schreiben stutzig gemacht, es doch ernstlich, als Tiberius das Gerücht aussprengen lässt, er wolle ihm demnächst die tribunicia potestas zuerteilen. Allein die Zal seiner Anhänger verkleinert sich; da schickt Tiberius den letzten entscheidenden Brief. Mitten im Senate überantwortet er seinen langjärigen Günstling der lange geplanten Verurteilung. Trefflich schildert Dio den Umschlag der Stimmung, die Charakterlosigkeit einiger Senatoren bei dem Ende Seians. Apicata, seine Gattin, gibt sich nach den gemachten, selbst einige Mitglieder des Hofes gravirenden Aussagen den Tod.

Die unmittelbaren Nachwirkungen des bedeutenden Ereignisses bei der Bevölkerung wie im Senate werden geschildert (c. 12); letzterer benutzt gleich die Gelegenheit und streut dem neuen Leibwachcommandanten Macro Weihrauch, wie früher dem Seian. Der Kaiser aber lehnt zum zweiten Male den Namen pater patriae ab, ebenso wie die vom Senate decretirte Festfeier. Ebenso kül ver-

---

[1]) Tac. V. 2.
[2]) Suet. Tib. 61. mori volentibus vis adhibita vivendi. — Bei Sueton tritt er erst nach Seians Hinrichtung so auf. Dio wirft diese Geschichtchen schon hier herein; so das Wort an den Gefangenen Paconius nondum tecum in gratia redii. — bei Dio: οἰδίπω αὐτῷ θιήλλαγμαι, und in demselben Zusammenhange die Folterung, welche aus Versehen an einem Rhodiser Gastfreunde angewendet wird.
[3]) Vgl. Suet. Cal. 12. wo er bei Gelegenheit der Erteilung der Priesterwürde an Gajus sagt: hoste tum suspecto, mox et oppresso . . . . . ad spem sucessionis paullatim admoveretur.
Vgl. die ser warscheinliche Erzälung bei Jos. Antiqu. Jud. XVIII. 6. 6.

hält sich Tiberius gegenüber den beglückwünschenden Deputationen: es war eben nichts weiter als ein mit grösster Feinheit parirter Streich; umfangreich waren die Massregeln, [1]) die er ergriffen und die von seiner Vorsicht zeugten [2]) (c. 13, vgl. Sueton Tib. 65). Jetzt aber gieng das Gericht seinen Weg gegen die Freunde und Verwanten des Gestürzten; damit schliesst die Erzälung, die durch Ausfürlichkeit (6—18) wie Anordnung sich glänzend von den übrigen Geschichten des LVII. und LVIII. Buches unterscheidet. Tiberius wütet fort. Nun wird er auch geiziger: er steigert die Verkaufssteuer auf 1%; nur der Selbstmörder Vermögen schont er. — Der Senat hat fortwärend mit Verurteilungen zu tun, bis endlich Amnestie erteilt und die Trauer um Seians Anhänger gestattet wird. Doch bald beginnt das Blutvergiessen aufs neue. Der Senat beschliesst, um den Kaiser zu gewinnen, die kaiserliche Garde aus dem Aerarium zu besolden. Nun scheint der Process des Scian die letzten Opfer verschlungen zu haben, einige seiner Freunde bleiben verschont. Einen davon erwänt auch Tacitus; Dio fürt auch Lucius Seianus ein, von dem er wieder einmal ein tolles Stückchen erzälen kann. Dann wendet er sich wieder zu Verwaltungsangelegenheiten, zu den Magistratswalen; wir erfaren, dass Domitius allein das ganze Jar 32 hindurch Consul blieb, dass der Statthalter von Aegypten Vetrasius Pollio starb und ein freigelassener Iberus eine Zeitlang die Verwaltung fortfürte (c. 21). Tiberius aber vermeidet es, die Stadt selbst zu betreten; so feierte denn dieselbe auch die Verheiratung der Töchter des Germanicus und der Julia (Drusus' Tochter) nicht mit. Strenge sah Tiberius, trotzdem er fern von der Stadt weilte, auf Pünktlichkeit im Besuche von Senats- und Gerichtssitzungen; er schickt die Untersuchungsacten Macros immer an den Senat. Die berüchtigsten Ankläger wurden einmal an einem Tage hingerichtet und die Verordnung erlassen, dass kein Krieger, sondern nur Ritter oder Senatoren Ankläger sein dürften.

Als nun Gaius Quaestor wurde (c. 23), aber nicht an erster Stelle, so erhielt er vom Senate die Dispens von der lex annalis zugesichert; Tiberius aber bat den Senat Gajus nicht übermütig zu machen. [3]) Von Senatoren waren damals schon so viele hingerichtet worden, dass die Statthalterposten nicht besetzt werden konnten, die Prätoren durch drei, die Proconsulen durch sechs Jare ihre Stellungen bekleiden mussten. —

Man sieht, Dio hat sich diese von Tiberius ganz wol berechnete Verwaltungsmassregel in s e i n e r Art ausgelegt und zu erklären gesucht.

Noch ist von einer Tiberüberschwemmung die Rede (c. 26), deren Tacitus ebenfalls nicht gedenkt.

---

[1]) Tac. gedenkt derselben VI. 23. mit dem Zusatze tradidere quidam.

[2]) ἀλλ᾽ ὅ τε ἐφοβήθη μὴ ταραχή τις ἐκ τούτου γένηται . . . . . τὸν ἕτερον τῶν ὑπάτων μετεπέμψατο. | Suet Tib. 65. inter alia P. C. precaretur mitterent alterum e consulibus . . . sic quoque diffidens et tumultum metuens.

[3]) Aenlich wie Tac. IV. 17 es von Nero und Drusus berichtet, ne quis mobiles adulescentium animos praematuris honoribus ad superbiam extolleret.

Mit den cc. 24 und ff. bis zum Schlusse des LVIII. Buches berüren wir aber Momente, welche uns veranlassen dieselben im nächsten Paragraphen heranzuziehen, wo die, beiden Schriftstellern gemeinsamen Berichte nach ihren gegenseitigen Beziehungen untersucht werden sollen. Von all den eben angefürten Nachrichten finden sich wol merere bei Sueton, der für seine Biographien am meisten auf solch anekdotenhafte Ueberlieferungen angewiesen war, jedoch keine einzige bei Tacitus. Ja in Bezug auf die Charakteristik, welche Dio Anfangs des LVII. Buches von Tiberius entwirft, scheint er mit Sueton denselben Quellenangaben gefolgt zu sein, um so mer, da wir auch bei beiden Schriftstellern Angaben finden, welche neben einanderherlaufend sich auf's beste gegenseitig ergänzen. [1] So haben wir auch in dem bisher angefürten vielfach Sueton zum Vergleiche heranziehen können, Tacitus aber felen diese Nachrichten vollständig.

Wir haben übrigens den geringen Wert mancher von Tacitus 2. übergangenen Ereignisse erkannt; wir finden es begreiflich, wenn er darauf nicht reflectirt. Aber unter Umständen musste er doch auf die vorhandenen Geschichtswerke angewiesen sein; allein wenn wir uns jetzt zu den Nachrichten wenden, welche Dio und Tacitus gemeinsam sind, wird es uns bald ersichtlich, wie sparsam er von der Quelle schöpft, oder, dass er nur besonderen Beweggründen folgt, die ihn hiebei leiten. Vorerst seien jene Momente hervorgehoben, welche nicht den drei Erzälungskreisen angehören, von denen ich oben sprach, und deren Betrachtung uns erst am Schlusse die Möglichkeit eines bestimmten Urteils gewären soll.

Gleich anfangs des I. Buches ab exc. d. A. sind bei Tacitus in a. eigentümlicher Weise die verschiedenen Meinungen gruppirt, welche bei der Leichenfeier des Augustus geäussert werden. Die Feier selbst, welche C. Dio (LVI. 34—44) und Sueton (Octav. 101) breiter erzälen, [2] wird bei Tacitus kurz abgetan (I. 10): „ceterum sepul-

---

[1] Tiberius bringt nach Dio LVII. 7 die geringfügigsten Dinge vor den Senat. Sueton (Tib. 30) fürt einige solcher Gegenstände an und sagt wie Dio, dass der Kaiser keinen Unwillen zeigte, selbst wenn etwas gegen seine Meinung im Senate beschlossen worden war. Beide stimmen darin überein, dass Tiberius Ehrenbezeugungen und Titel ablehnte (Dio LVI. 8. Sueton Tib. 26), dass er den Namen Augustus nur in Briefen an Fürsten gebrauchte. Eben so verbat er sich den Titel dominus (Tib. 24 Dio LVIII. 8), denn er sei dominus für die Sklaven, imperator für die Soldaten, für die übrigen princeps. — Felt auch letzterer Ausspruch bei Sueton, so macht er uns wieder mit anderen Aeusserungen seiner Bescheidenheit bekannt. — Tiberius liess ferner am Neujarstage nicht „in acta jurare" (Dio LVIII. 8) Tempel und Bildsäulen nicht one seine Erlaubnis aufstellen (Dio LVIII. 9, Suet. Tib. 26), von Beleidigungen und Majestätsvergehen nam er · nicht Kenntnis, und liess keine Anklage erheben; nach Sueton (Tib. 28) rechtfertigt er sogar dies Vorgehen. Ebenso stimmen beide Autoren darin überein, dass er für eine milde Provincialverwaltung besorgt, an Aemilius Rectus schrieb: boni pastoris esse tondere pecus non deglubere. — Vgl. Dio LVII. 10 κείρεσθαίμου τά πρόβατα ἀλλ᾿ οὐκ ἀποξύρεσθαι βούλομαι —

[2] C. Dio beschreibt nächst der Vorlesung des Testaments (dessen Inhalt Sueton nach Schilderung der Leichenfeier wiedergibt), diePracht des Leichenbettes, die Bilder, die dasselbe umgaben. Nachdem Tiberius die Leichenrede (35—42) gehalten, setzt

tura more perfecta templum et caelestes religiones decernuntur." Viel eingehender beschäftigen ihn die Aeusserungen der Zuseher. Eingeleitet werden dieselben (I. 9) durch: „multus hinc ipso de Augusto sermo." Zuerst hören wir die Ansichten derer, welche sich mit historischen Spielereien abgeben „vana mirantibus", dann das Urteil der „prudentes" günstige und missgünstige („apud prudentes vita ejus varie extollobatur arguebaturve"). Ich glaube nicht mit Unrecht dürften wir in diesem die Nachrufe der verschiedenen Historiker erkennen.

Von der ersteren Sorte finden wir Spuren bei Sueton (Octav 101), so die Beobachtung, dass er in demselben Hause, wo sein Vater Octavius gestorben, endete (vgl. Tac. (I. 9) „quod Nolae in domo et cubiculo in quo pater eius Octavius vitam finiisset"). Dio fürt dafür ominöse die Leichenfeier begleitende Ereignisse an. — Von den Urteilen der prudentes und zwar den günstigen bietet uns C. Dio beziehungsweise sein Gewärsmann das glänzendste, in welchem analog dem von Tacitus (I. 9) wiedergegebenen, das Verdienst des Augustus um die Ordnung des Staatswesens und Herstellung des Friedens gerümt wird (C. Dio LVI. 43—45). C. Dio und Sueton haben wol auch ein ser hartes Urteil anzufüren, ein Urteil, das Tacitus neben anderen unter den missgünstigen findet, dass nämlich Augustus nur desshalb Tiberius zum Nachfolger gewält habe, damit bei der schrecklichen Natur desselben er selbst in um so geseg- neterem Andenken stünde. — Bemerkenswert ist aber, dass dort, wo Sueton dieses Umstandes gedenkt (c. 21), er in der ent- schiedensten Weise gegen eine solche Anname polemisirt und dass C. Dio bezeichnend genug hinzufügt: „ταῦτα μὲν δὴ οὐκ ὕστερον διαθροεῖν ἤρξαντο"; diese Meinung habe sich also erst später gebildet, offenbar bei einem Historiker des Kaisers Tiberius und nicht des Augustus. Man mag daran erkennen, wie Tacitus seine Quellen verwertete, man mag schon hier finden, dass er nicht gesonnen war von dem Materiale seiner Vorgänge sich abhängig zu machen. Nachdem er die Kriegsgeschichte des Jahres 15, von der Dio und Sueton not- dürftiger mitteilen, ausfürlich erzält hat (1. 55—72), fügt er merere auffallend knappe annalistische Mitteilungen an I. 72: „decreta eo anno „triumphalia insignia, nomen patris patriae Tiberius a populo saepe- „ingestum repudiavit neque in acta sua jurare quamquam censente senatu „permisit". Das sind aber Dinge, mit denen eben Sueton und Dio's Quellen sich eingehend beschäftigen. (Vgl. oben S. 17 Anm. 1).

sich der Zug in Bewegung nach dem auf dem Marsfelde errichteten Scheiterhaufen. — Centurionen entzünden denselben und ein Adler fliegt auf um die Seele gen Himmel zu tragen. — Fünf Tage trauert Livia auf dem Platze und sammelt dann die Gebeine. — Der Senat verordnet eine allgemeine Trauer für die Frauen auf die Dauer eines Jares. — Sueton (Octav. 101.) beschreibt wieder in anderer Weise die Feier; nicht etwa im Widerspruche mit Dios Bericht; aber er hebt andere Momente hervor als dieser, So dass er von Nola immer nur in Nacht- märschen nach Rom transportirt worden sei, dann die Ehrenbezeugungen, welche der Senat beantragt und beschlossen hatte; nur darin differirt er von Dio, dass er von zwei Leicheureden spricht, deren eine Tiberius, indess die andere Drusus gehalten hätte.

Tacitus übergeht das Benemen Tibers im Senate und bei Gerichts- b.
verhandlungen, wie es C. Dio (LVII. 7) erwänt, ergeht sich aber, weil
es für die tacitische Zeit wichtig, in einer breiteren Darstellung der
ersten Majestätsprocesse, wärend bei C. Dio (LVII 9) der Majestäts-
verbrechen in Kürze gedacht ist und nur die Bemerkung erscheint,
dass Tiberius dem Augustus nicht nahe treten liess. (Bei Tac. I. 74
vgl. d. Fall d. Marcellus.) Worauf in c. 75 wieder neben knappen
annalistischen Mitteilungen das Verhalten Tibers bei Gerichtssitzungen
Erwänung findet: „judiciis adjidebat in cornu tribunalis ne praetorem
„curuli depelleret", wie bei C. Dio im Anschlusse an das obige : „Tiberius
„erscbien gerufen oder ungerufen bei den Gerichtsverhandlungen, liess
„die Beamten auf ihrem Sitze, αὐτὸς δὲ ἐπὶ τοῦ βάθρου τοῦ κατ᾽ ἀντικρύ
„αγων κειμένον καθίζων ἔλεγεν ὅσα ἐδόκει αὐτῷ ὡς πάρεδρος (vgl. Suet. Tib. 33).
Ganz in demselben Zusammenhange müssen wir suchen, was C. Dio,
wo er von Tiberius' Herablassung spricht (c. 11), anfürt: „dass er
„keine Freude an solchen öffentlichen Belustigungen fand οὔτε δόξαν
τινα ὡς καὶ ονοπεύδων τινὶ ἔσχεν. Tac. (I. 54) bemerkt dasselbe als Gegensatz zu Augustus' Auftreten, von welchem er spricht: „neque ipse
„abhorrebat talibus studiis . . . alia Tiberio morum via".

Bemerkenswert sind die Nachrichten des Jahres 17 von Arche- c.
laus, dem Erdbeben in Asien und von Tibers Verhalten gegenüber frem-
den Geldern. Sie folgen sich bei Tacitus wie bei C. Dio; aber
man bemerkt, wie das Schicksal des Archelaus bei Tac. (II. 42)
kurz und doch genauer dargestellt wird als bei Dio, der weitläufig
über die Scene im Senate referirt. Bei Tacitus schiebt sich nun die
Absendung des Germanicus in den Orient, und die Gesch. vom Kriege
zwischen Marbod und Armin ein, dann gedenkt er erst des Erdbebens
in Asien, wobei er die Städte namhaft macht, indess Dio nur des
Steuernachlasses wie der Unterstützung gedenkt, und sagt, dass ein
Praetor mit fünf Lictoren (bei Tac. unus e praetoriis) hingeschickt
wurde. Wärend unmittelbar darauf Tacitus einige Acte der Libera-
lität des Kaisers anfügt, rümt auch C. Dio gleich darauf die Libera-
lität Tibers, weil er keine Erbschaft annam, im Falle der Erblasser
noch Verwante hatte; das geht aber gerade aus den bei Tac. eben
erwänten Fällen hervor.[1]) — Ich glaube es ist höchst beachtens-
wert, dass Tacitus dieser Acte kaiserlicher Freigebigkeit mit solcher
Ausfürlichkeit gedenkt, sie in Verbindung mit anderen Unter-
stützungen anfürt, wärend C. Dio nur erraten lässt, dass er diese
ebenfalls kenne.

Da kann man wol ein Zurückgehen auf gemeinsame Quellen
annehmen, gegen deren Inhalt der eine verschieden vom anderen
sich verhält. Die Reihenfolge ist erstlich dieselbe bei Tacitus wie
bei Cassius Dio, der Inhalt der gleiche; nur fand Tac. diesmal

---

[1]) Tac. II. 48. Tiberius vergrösserte den Rum seiner Freigebigkeit, den er
schon durch die Schenkung gewonnen, dadurch, dass er die Hinterlassenschaft des
Aemilius Musa, die vom Fiscus angesprochen wurde, dem Aemilius Lepidus, und
die Erbschaft eines Ritters Pantuleius dem M. Servilius gab, obwol er selbst Teil-
erbe gewesen wäre.

2*

einiges bemerkenswerter als sonst. Dass er es einem fertigen Werke entnommen und keiner Originalquelle, beweist die verhältnismässige Knapphcit; und dass endlich C. Dio sie nicht Tacitus entlehnte, wird erweislich anderseits aus der weitläufigeren Erzälung von Archelaus Auftreten im Senate bei Dio gegenüber der kürzeren Fassung des Tacitus. [1])

d. Eine änliche Beobachtung können wir machen dort, wo beide Autoren von Seian sprechen. C. Dio erwänt seiner schon in c. 19, aber er bringt ihn wie Tac. (IV. 1) in Verbindung mit der Aenderung Tibers in Haltung und Charakter. Nur gibt Tac. ausdrücklich Seian Schuld, wärend C. Dio dies geradezu ausschliesst (vgl. LVIII. 16). Tacitus nennt (IV. 1) den Schwelger Apicius, ebenso Dio, der noch eine weitere Bemerkung hinzufügt; dafür unterlässt er Seians Aussehen zu beschreiben, was aber Tacitus aufgenommen. Dann heisst es bei Beiden:

Tac. IV. 2. vim praefecturare

... intendit dispersas per urbem cohortes in castra conducendo, ut simul imperia acciperent, numeroque et robore et visu inter se fiducia ipsis in ceteros metus oreretur.

Dio LVII. 19. ἐπειδὲ . . μόνος τὴν προστασίαν αὐτῶν δορυφόρων ἔσχε, τὰ δὲ ἄλλα συνέστησεν αὐτήν, καὶ τοὺς λόγους ἰδίᾳ καὶ χωρὶς ἀλλήλων ὄντας ἐς ἓν τεῖχος συνήγαγεν, ὥστε τὰ παραγγέλματα καὶ ἀθρόους καὶ διὰ ταχέων λαμβάνειν καὶ φοβεροὺς πᾶσιν, ἅτε καὶ ἐνὶ τείχει ὄντας εἶναι.

Tacitus fürt wol die Motivirung an, die er gebrauchte, was Dio unterlässt; wofür dieser aber später (LVII. 21 und LVIII. 2. 4.) das Anwachsen von Seians Macht und Ansehen, die allgemeine Jagd nach seiner Gunst ser ausfürlich schildert, was alles hingegen wieder Tacitus nur in Kürze berürt. [2]) Wir haben ja oben schon bemerkt, dass Dio mit einer besonderen Aufmerksamkeit und Vorliebe bei Seian verweilt, namentlich eingehend seinen Sturz uns schildert. Es mag dieses, noch durch lange Zeit besprochene, [3]) so bedeutende Ereignis von den Historikern Tibers eingehend beschrieben worden sein und der tiefe Eindruck, den das tragische Geschick auf Dio noch machte, wird ihn bewogen haben, genauer als sonst seiner Quelle zu folgen. Es ist möglich, dass sogar, wenn ein glückliches Geschick uns die felenden Stücke der Bücher ab excessu wieder-

---

[1]) Tac. II. 42. Rex Archelaus . . invisus Tiberio quod eum Rhodi agentem nullo officio coluisset. C. Dio erzält ausfürlicher: Archelaus habe Tiber, als er einst von seinen Untertanen verklagt worden war, um Schutz gefleht, und denselben auch erhalten, dann aber wäre er auf Rhodus unaufmerksam gegen ihn gewesen, wärend er dem Gajus aufwartete. Tacitus sagt anderseits wieder nur: nec id Archelaus per superbiam omiserat, ... sed quia florente Caesare missoque ad res Orientis intuta Tiberii amicitia eredebatur. — Genügt das schon, so vollends erst der Hinweis auf die Schilderung der Scene im Senate wie wir sie bei Dio lesen können.

[2]) Tac. a. a. O. Seque senatorio ambitu abstinebat, clientes suos honoribus aut provinciis ornandi, facili Tiberio atque ita prono, ut socium laborum non modo in sermonibus, sed apud patres et populum celebraret colique per theatra et fora effigies ejus interque principia legionum siueret.

[3]) Juvenal X. 63. ff.

bringt, wir vielfach Berürungspuncte zwischen der Taciteischen[1]) und Dionischen Erzälung finden können. Dass aber Dio hier keineswegs Tacitus ausschrieb, geht wieder aus der kürzeren Fassung des letzteren hervor.

Wol aber folgt Dio einem Annalisten, denn er fürt die Ereignisse des Jares 25 an der richtigen Stelle an, so Cremutius Cordus' Untergang (vgl. Tac. IV. 34) den Verlust der Freiheit von Cyzikus (vgl. Tac. IV. 36) und die Anklagen, welche man gegen Lentulus erdichtet (IV. 29), wärend Tacitus, wie wir bald sehen werden, in ganz anderer Weise diese Vorfälle erzält. — Dafür aber ist es uns doch möglich, obwol uns der grösste Teil der Geschichte Seians bei Tacitus felt, aus dem wenigen, was wir bei letzterem noch finden, zu beurteilen wie er sich in der ganzen Geschichte Seians verhalten haben mag. — Nach C. Dio ist Seian dem Kaiser schon seit längerem verdächtig (LVIII. 6); das gleiche geht auch aus der Bemerkung Suetons hervor (Tib. 61 und Cal. 12): „Seiano hoste tum suspecto mox oppresso." — Uebereinstimmend teilen beide mit das Ansuchen des Kaisers an den Senat ihm den einen Consul zu schicken.

Suet. Tib. 65. — inter alia . . . precaretur mitterent alterum e consulibus. Sie quoque diffidens et tumultum metuens.

Dio LVIII. 10. ἀλλ' ὅτε ἐφοβήθη μὴ ταραχήτις ἐκ τούτου γένηται . . . τὸν ἕτερον τῶν ὑπάτων μετεπέμψατο.

Nicht one Interesse ist zu sehen, wie Tac. bei einer ganz andern Gelegenheit darauf zu sprechen kömmt: (VI. 2) „crediderat" (sc. Tog. Gallus) „nimirum epistulae subsidio sibi alterum ex consulibus „poscentis ut tutus a Capreis urbem peteret." — Jedenfalls stand der Brief in den verloren gegangenen Büchern, das kann man aus der gewönlichen Art, die Tacitus befolgt, schliessen. Bezeichnender ist aber wol folgendes. Wo es sich um die Hinrichtung der Tochter Seians handelt, stimmen C. Dio und Sueton (letzterer freilich one den Fall speciell zu erwänen) vollkommen überein.

Suet. Tib. 61. immaturae puellae, quia more tradito nefas esse virgines strangulari vitiatae prius a carnifice dein strangulatae.

Dio 58. 11. τῆς κόρης . . . προδιαφθαρείσης ὑπὸ τοῦ δημίου ὡς οὐχ ὅσιον ὂν παρθενευομένην τινὰ ἐν τῷ δεσμωτηρίῳ ἀπολέσθαι.

Nachdem nun Tacitus (V. 9) die rürende Scene geschildert, wie Seians Tochter in den Kerker geschleppt wird, setzt er hinzu: „tradunt temporisque auctores, quia triumvirali supplicio „adfici virginem inauditum habebatur, a carnifice laqueum juxta compressam." Tacitus hat also auch hier die Nachricht eines Annalisten

---

[1]) Dio erwänt zuerst die eingreifende Tätigkeit Seians in der Geschichte des Jahres 19, indess Tacitus dieselbe künstlerisch am Anfange des IV. Buches verwendet, wo für das Jar 23 gleichsam als am Abschlusse der besseren Regierungshälfte ein Ueberblick über die Ausdenung, Machtmittel und Verwaltung des Reiches geboten ist; und zwar gedenkt er hier um so passender der Machtstellung Seians, als es ja nach Tacitus' Ueberzeugung dieser war, der die Wendung zum Schlechteren am Kaiser verschuldete.

verwertet; wir erkennen aber zugleich, wie er dieselbe verwertet, nebenbei, gleichsam nur zur Ergänzung dort, wo ihm wichtigere Originalquellen mangeln. — Auch die Vorsichtsmassregeln, welche Tiberius ergriffen hatte, als er Seians Untergang bereitete, welche Sueton (Tib. 65) wie C. Dio hier (LVIII. 13) in innigem Zusammenhange mit der Gesammterzälung mitteilen, bringt Tacitus an einer ganz andern Stelle vor u. z. (VI. 23) beim Tode des Drusus. Die Angaben lauten aber bei allen gleich:

| Suet. Tib. 65. Drusum nepotem quem vinculis adhuc Romae continebat solvi si res posceret ducemque constitui praeceperat. | Dio LVIII. 13. τῷ δὲ Μακρῶνι ὥς τινές φασιν ἐπετείλατο ὅπως αὔτε παρακινήσῃ τὸν Δρουσον εἰς τε τὴν βουλὴν καὶ ἐς τὸν δῆμον ἐσαγάγῃ καὶ αὐτοκράτορα ἀποδείξῃ. | Tac. VI. 23. tradidere quidam praescriptum fuisse Macroni si arma ab Sciano temparentur extractum custodiae juvenem (nam in Palatio adtinebatur) ducem populo imponere. |

Sueton hat es also one weitere Hinzufügung angefürt, Dio samt dem „ὥς τινές φασιν" im Zusammenhange mit der ganzen Erzälung von Seians Fall. Dass aber Cassius Dio hier trotz der Aenlichkeit nicht Tacitus ausgeschrieben, geht nicht am wenigsten aus dem eben berürten Umstande hervor, dass Tac. diese Nachricht ausserhalb des Zusammenhanges anbringt. — Allein noch klarer erhellt es aus folgendem.

C. Dio erzält also weiter, dass nach der Hinrichtung der Kinder Seians, dessen erbitterte Gemalin Apicata, obwol sie nicht verurteilt war, sich den Tod gab, zuvor jedoch alle Umstände, die des Drusus Tod herbeifürten, dem Kaiser auseinandersetzte. Das Vorgehen der Apicata berichtet C. Dio der zeitlichen Folge entsprechend im Anschlusse an den Untergang Seians (c. 13); das andere bei der Erzälung von Drusus Tod.[1] (LVII. 22.)

Wie nun Tacitus? Das erstere hat möglicherweise in den vorhergegangenen Büchern gestanden, das andere aber erscheint wie bei C. Dio dort, wo das Ende des Drusus dargestellt wird. (IV. 3). Dio LIII. 22. schreibt: Drusus starb an Gift, διὰ τε τῶν ἐν τῇ θεραπείᾳ αὐτοῦ ὄντων, καὶ διὰ τῆς γυναικὸς αὐτοῦ ἥντινα Λιουίλλαν ὀνομάζουσιν, ἔδωκε καὶ γὰρ ἐμοιχεύεν αὐτήν. — Tac. erzält den ganzen Vorgang eingehend (IV. 3 u. ff.) nennt die Namen des Arztes und Freundes der Livia, Eudemos, der das Gift bereitete, (IV. 8) des Eunuchen Lygdus, der es reichte und fügt hinzu: „ut octo post annos cognitum est." C. Dio (LVII. 22) und Tac. a. a. o. erwänen dann des Gerüchtes, wonach Tiberius selbst den Tod seines Sones verschuldet habe.

---

[1] Charakteristisch für die Art Dio's zu excerpiren ist wol der Umstand, dass seiner Erzälung nach, Seian den Drusus, hingegen nach der warscheinlicheren Ueberlieferung bei Tacitus und Suetonius, Drusus den Seian mit der Hand in's Gesicht geschlagen habe.

C. Dio a. a. O. ὅτι μήτε νοσοῦντος τοῦ
Δρούσου μήτ' ἀποθανόντος ἔξω τῶν συνή-
θων ἔπραξε, ... οὗ μέντοι καὶ πιστὸς ὁ
λόγος.

(Tac. a. a. O.) ceterum Tiberius per omnes vavaletudinis ejus
dies, ... etiam defuncto necdum
sepulto, curiam ingressus est. —

Dann folgt bei Tac. eine Rede des Kaisers, und endlich das besagte
Gerücht, wie man Lygdus gewann und wie das Gift beigebracht wurde;
das Gerücht, welches Tiber beschuldigte, weist Tacitus zurück, „obwol
es „adeo validus ut nondum exolescat." Wir sehen, sachlich ist sein
Bericht von dem Dionischen nicht verschieden; er wird also wol mit
Dio einen Autor gemeinsam benutzt haben. Doch er sagt ja selbst
(c 10) „in tradenda morte Drusi, quae plurimis maximeque
„fidis auctoribus memorata sunt retuli." Er hat also merere
Autoren eingesehen,. war hier nicht auf Originalquellen angewiesen um
die rumores zu zerstreuen, denn (siehe c. 11) „neque quisquam scrip-
„tor tam offensus extitit ut Tiberio objectaret, cum omnia alia con-
„quirerent intenderentque." Die Aenlichkeit aber mit dem Dionischen
Erzälung wird die Annamе uns gestatten, dass von den eingesehenen
Schriftstellern, wol derjenige, welchen auch Dio hier benützte, der glaub-
würdigere war. Dass aber Dio nicht aus Tacitus[1]) schöpfte, erhellte
schon oben aus der bei beiden verschiedenen Anordnung, teils daraus, dass Dio von der Gemalin des Drusus sagt: ἥντινες Λιουίλλαν
ὀνομάζουσιν, die er übrigens auch LVIII. 11. 7. so nennt, wärend
Tacitus nur den Namen Livia anfürt. Dagegen nennt sie ein
anderer Historiker beständig Livilla, und das ist Sueton: „fraude
„Livillae uxoris" (Tib. 62), „soror Livillae"[2]) (Claud. 2. 3.). Was
aber resultirt aus allen diesen Beobachtungen? C. Dio wird also wol
denselben Autor wie Sueton verwendet haben, indess Tacitus denselben neben andern gebrauchte. Die Geschichte Scians aber,
welche sich doch meist im Senate abspielte, dürfte Tacitus mit den
Senatsverhandlungen verflochten, selbständig bearbeitet haben, da er
Einzelheiten, welche damit in Verbindung stehen und welche von
Dio wie von Sueton im Zusammenhange auch erzält werden, an
anderen Stellen hie und da nachträglich einstreut. — Es kann
uns darin nur bestärken die Beobachtung, dass C. Dio und Sueton
in Sinn und Auffassung übereinstimmen, indem beide, im Gegensatze zu Tacitus, hinweisend auf des Kaisers Grausamkeit nach
Seians Untergange sagen: jetzt erst erkannte man, dass nicht Seian
für die früheren Uebeltaten des Kaisers verantwortlich gemacht
werden könne (vgl. Dio LVIII. 16 und Suet. Tib. 61.).
    Zurückgreifend auf die Ereignisse der Jare 26 bis 28 habe ich zu e.
bemerken, dass C. Dio uns nur spärlich mit deren Geschichte bekannt

----

[1]) Wilh. Sickel in seiner genannten Abhandlung S. 39. f. weist auch auf
diese Parallelstellen hin und schliesst daraus auf Benützung eines gemeinsamen
Autors.

[2]) Es mag nebenbei nicht ohne Interesse sein zu bemerken, dass der Name
Livilla bis jetzt nur auf Münzen (Eckh. d. n. VI. 202) Livia auf den Grabdenk-
mälern ihrer und des Drusus Hausgenossen erscheint (Orelli 653. 1724. 2045. 2486
Wilmans E. I. L. 396.)

macht. Hieher gehört die Abreise des Kaisers nach Capri (vgl. Tac. IV, 67.) und der Process des Titius Sabinus, den er im Vergleich mit Tacitus (IV. 68—71) ser kurz, aber dafür mit der Anekdote von dessen treuem Hunde geschmückt, erzält.[1] Wir kennen das Urteil, welches Tacitus über die Historiker Tibers fällt, er tadelt deren Gleichgiltigkeit gegenüber den vielen Processen und Hinrichtungen, welche sie in allgemeinen Anführungen abtun. Und C. Dio scheint hier wol seiner Quelle nachgeschrieben zu haben wenn er spricht: „πολλὰ δ' ἂν καὶ ἄλλα τοιουτότροπα γράφειν ἔχοιμι „εἰ πάντα ἐπεξίοιμι“ (LVII. 23). Nicht mit Unrecht hat Tacitus dies getadelt, wurde ja durch die Processe, ob sie nun gerecht oder ungerecht gefürt worden waren, mit den letzten Resten des alten Adels aufgeräumt. Wir werden es also begreiflich finden, dass wir bei Dio eine Menge vermissen, was Tacitus dann offenbar, wie wir noch sehen werden, Originalquellen zu entnemen genötigt war.

f. So differiren sie aber auch in Bezug auf Cocc. Nervas Tod. — Bei Dio finden wir als Motiv dafür angefürt die Erneuerung der caesarischen Schuldgesetze, allein so ser beider Erzälung sachlich gleichlautet, so verschieden klingt, was Tacitus als Beweggrund angibt: „ferebant gnari cogitationum eius quanto propius mala reipublicae viseret, ira et metu dum integer dum intemptatus honestum finem voluisse.“

Von welcher Qualität übrigens Dios Quelle war, zeigt die Erzälung von Sextus Marius, der nach Dio nur desshalb der Blutschande angeklagt wurde, weil er seine schöne Tochter vor Tiberius hüten wollte und sie desshalb bei Seite schaffte, indess nach Tac. (VI. 9) nur sein Reichtum die Ursache seines Verderbens gewesen war.

Auch für den Tod des Asinius Gallus mangelte Tacitus (vgl. VI. 23) eine sichere Ueberlieferung, ob er freiwillig oder gezwungen Hungers gestorben sei. Er erzält dann, der Kaiser habe das Leichenbegängnis gestattet und habe sich nicht geschämt das Geschick zu beklagen, das As. Gallus entrissen, bevor dessen Angelegenheit gerichtlich ausgetragen werden konnte, als ob „wärend der drei Jare sich keine Zeit dazu gefunden hätte“.

Dio jedoch schreibt: „Unter den Hingerichteten (?) „ἀποθανοῦσι“ „war auch Asinius Gallus, denn jetzt war er, wie er zu sagen pflegte, „mit ihm ausgesönt.“ — Tacitus hat also hier jedenfalls einen anderen Gewärsmann zu Rate gezogen.

g. Das Motiv für die vielen Selbstmorde[2] in der Zeit nach Seians Sturz gibt Dio wie Tacitus an, nur knüpft letzterer es an einen bestimmten Fall. C. Dio (LVIII. 15) sagt: „von den Angeklagten

---

[1] Eine Geschichte, die wir bei Plinius lesen können h. u. VIII. 145, wo auch bemerkt ist, dass sie den Actis diurnis entnommen sei.

[2] Tac. VI. 40. schildert wie ein Ritter Vibulenus Agrippa das in seinem Ringe verwarte Gift, als er angeklagt wird, in der Curie zu sich nimmt und tot zu Boden stürzt. — C. Dio erzält es one den Namen zu nennen, und Suet. (Tib. 61) bezeichnet es gar allgemein und als gewönliches Vorkommnis.

verteidigten sich viele persönlich mit grossem Freimute" (Beispiele finden sich bei Tacitus [1]), und fügt dann hinzu:

οἱ δὲ δὴ πλείους αὐτοὶ ἑαυτοὺς πρὶν ἁλῶναι διέφϑειραν. ἐποίουν δὲ τοῦτο μάλιστα μὲν τῷ μήτε τὴν ὕβριν μήτε τὴν αἰκίαν φέρειν . . . . ἤδη δὲ καὶ ὅπως οἱ παῖδες τῶν οὐσιῶν αὐτοὺς κληρονομῶσιν.

Tac. VI. 29. Nam promptas ejus modi mortes metus carnificis faciebat et quia damnati sepultura prohibebantur ... eorumque de se statuebant ... manebant testamenta pretium festinandi.

Das steht aber bei Tacitus in ganz anderem Zusammenhange, u. z. finden wir es dort, wo er in anderer Beziehung mit Dio übereinstimmend erscheint, das ist bei der Erzälung von dem Selbstmorde des Pomp. Labeo, Mamercus Scaurus und deren Frauen (Dio LVIII. 24). Beide gedenken nämlich derselben in der gleichen Reihenfolge.

Zum Selbstmorde veranlasste ersteren, wie Dio (LVIII. 24) angibt, die Anklage auf Bestechung. Tacitus schiebt jedoch bei dieser Gelegenheit den Brief ein, worin der Kaiser den Senat belerte, dass er dem Labeo nur die Freundschaft gekündigt habe, da er sich Unregelmässigkeiten in der Verwaltung zu Schulden habe kommen lassen. Dann erst bemerkt Tacitus dasselbe, was wir bei Dio in einem ganz anderen Zusammenhange finden (LVIII. 15), über die Veranlassung der vielen Selbstmorde. — Ueber Mamercus Scaurus' Ende berichtet Dio wieder mer als Tacitus; nämlich die Worte des Kaisers, als er von den Versen in dessen Trauerspiele „Atreus" hörte. Tacitus begnügt sich mit einer Andeutung, gibt aber in Uebereinstimmung mit Dio an, dass der Ehebruch mit Livia Gegenstand der Anklage war, und dass die eigene Gemalin dem Angeklagten im Tode vorangieng. [2])

Wie aus alldem zu ersehen, ist für die angefürten Ereignisse eher eine gemeinsame Quelle als die Benutzung des Tacitus durch Dio anzunemen.

Ebensowenig nimmt Dio auf die Taciteische Erzälung Rücksicht h. in der Geschichte des Pseudo-Drusus (LVIII. 25), wenn er ganz gegen dessen Ueberlieferung angibt, er sei erkannt und an Tiberius ausgeliefert worden. [3])

Die Rücksicht auf die parthisch-armenischen Angelegenheiten der i. Jare 34 und 35 nötigen Tacitus der Stadtereignisse nur in gedrängter Kürze (VI. 38. u. 39.) zu gedenken. Letztere bestehen in nichts als Verurteilungen und Selbstmorden, von welchen allen C. Dio nur den des Fulcinius Trio bemerkenswert findet (LVIII. 25); aber warum? —

---

[1]) Tac. VI. 8. M. Terentius, dessen Rede Tacitus im Auszuge mitteilt. Wie vorher (V. 6.) eine änliche zu finden ist.

[2]) Tac. VI. 29.

[3]) Nach Tac. (V. 10.) entkam derselbe den Nachstellungen und was der Statthalter darüber erfaren kounte, schrieb er dem Kaiser. Tac. schliesst: neque nos originem finemve ejus rei ultra comperimus.

weil Tiberius das Testament desselben, obwol es Schmähungen gegen ihn selbst wie gegen Macro enthielt, im Senate verlesen liess. — Dass Dio bei der Auswal dieser Umstand leitete, zeigt gleich der darauffolgende Hinweis auf einen änlichen Vorgang, auf die Verlesung der Drusischen Protokolle, welche Tacitus erst in VI. 24. anfürt. Tacitus gedenkt dann, nachdem er die Selbstmörder genannt und aufgezält hat, des ruhigen Verscheidens des Popp. Sabinus.[1]) Dio begnügt sich, wie gesagt, mit Fulcinius Trio und kommt dann ebenfalls auf Popp. Sabinus zu sprechen; fügt aber gleich hinzu, dass R e g u l u s dessen Nachfolger im Amte wurde, denn Makedonien „και ὡς δε τινες φασι" Achaia wurden ihm, one erst losen zu müssen, zugeteilt.[2]) Man sieht aus dem Gesagten abermals, wie Dio's Gewärsmann sich zu den Nachrichten verhalten hat. Man bemerkt, möchte ich sagen, ein Hinausgehen über den annalistischen Ramen; mit einer gewissen Absicht, die nur dem zeitgenössischen Historiker eigen gewesen sein kann, sind Fulcinius T r i o und R e g u l u s zusammengestellt, denn beide waren die Consulen des Jares 31[3]); der Freund und Anhänger Seians Trio tötet sich selbst, der loyale Regulus wird Statthalter. Eine Zusammenstellung, welche der des Fulcinischen Testaments und der Drusischen Protokolle ganz entspricht. —

k. Die orientalischen Verwicklungen werden von Dio in Kürze abgetan, im Vergleich zu Tacitus (Tac. VI. 31—36 und 40—45) jedenfalls auffallend kurz behandelt Dio (LVIII 26.), wenn auch nicht im Widerspruche mit dessen Darstellung. — Verschiedenheit zeigt die einzige Bemerkung „Armenien bekam Mithridates ὁ Μιθριδάτου μὲν τοῦ Ἴβηρος ὡς ἔοιχε παῖς Φαρασμένου . . . ἀδελφός.", denn Tacitus bezeichnet[4]) one Zögern Mithridates als Bruder des Pharasmenes.[5])

Geradezu in Widerspruch stehen aber beider Nachrichten von der Vermählung des Gajus. Nach Dio (LVIII. 25) feiert Tiberius dieselbe m i t in Antium, im J. 35, indess Tacitus (VI. 20) dieselbe im Jare 33 stattfinden lässt, wärend er für das J. 35 nur erwänt, dass in diesem Tiberius einmal der Stadt ser nahe gekommen sei (VI. 39.) —

Von dem Austritte des Tiberis, wovon Dio (LVIII. 26 Ende) berichtet, erwänt Tacitus nichts, wol aber gedenkt er wie jener

---

[1]) Dio nennt die Provinzen, die er verwaltet hatte, Tac. begnügt sich zu sagen maximisque provinciis per quatuor et viginti annos impositus.

[2]) Tac. V. 10. sagt von Popp. Sabinus: is Macedoniae tunc intentus Achaiam quoque curabat. Diese Nachricht, die also nur d e n Schl u s s uns ziehen lässt, dass, wenn Regulus Popp. Sabinus' Nachfolger im Amte wurde, er auch Achaia mitbekam zur Verwaltung, kann man denn doch nicht, wie Sickel (S. 40) es tut, so one weiteres als Parallelstelle zu Dio LVIII. 25. anfüren. —

[3]) Vgl. Dio LVIII. 9. u. Tac. V. 11. wo beider Consulen Feindseligkeit eine offene zu werden droht.

[4]) Vielleicht machte Dio der Ausdruck „gentile imperium", (vgl. Tac. a. a. O,) das er etwa in der Quelle fand, stutzig, so dass er von diesem als dem Aelteren, oder dem Familienvorstande voraussetzt, dass er den Namen des Vaters fürte. —

[5]) Woher Tacitus die ziemlich eingehende Geschichte des parthisch-armenischen Krieges entnommen, ob einem Annalisten, ob den Annalen des Feldherrn Vitellius wie später denen des Corbulo, lässt sich nicht entscheiden.

im Anschlusse an die parthisch-armenischen Geschichten einer Feuersbrunst, die auf dem Aventin wütete und einen Teil des Circus ergriffen hatte. Beide Schriftsteller gedenken der namhaften Unterstüzungen, welche der Kaiser den Geschädigten gewärte; Tacitus nicht one Lob. Auch über die Schadenerhebungs-Commission weiss nur Tacitus zu berichten. (VI. 45.).

Lässt sich hiefür die Benützung einer gemeinsamen Quelle wieder bezweifeln, so ist die Anname einer solchen vollends unhaltbar für die darauffolgende Erwänung des Vogels Phönix,[1] der nach Dio (LVIII. 27) im Jare 36 erschienen sein soll, wie auch Plinius mitteilt,[2] indess Tacitus das Ereignis in das Jar 34 verlegt (VI. 28), nicht one nebenbei auch aegyptischer und griechischer Gelerten Aussprüche darüber anzufüren. — Wir haben nun Gelegenheit gehabt die wenigen Berürungspunkte zwischen der Taciteischen Erzälung und der Dionischen kennen zu lernen. Wir werden in den nächsten drei Abschnitten auch noch welche finden und beobachten, dass das Verhältniss das gleiche bleibt. Soviel wird wol jetzt schon erkennbar geworden sein, dass für die betreffenden Momente Dio schwerlich Tacitus benützt habe, eher aber, dass für dieselben Tacitus auf einen Historiker angewiesen war, welchen auch C. Dio freilich wol auch nach seinem Geschmacke verwendete.

Wir werden den Spuren dieses gemeinsamen Gewärsmannes wiederholt noch begegnen, und sind dafür nicht am wenigsten Dio verpflichtet, werden dann aber auch beurteilen können, wie weit eben Tacitus von den vorhandenen Annalenwerken Gebrauch machte; doch jetzt schon werden wir zugestehen müssen, dass er hie und da, und zwar dort, wo er sie verwendete, es mit Vorsicht und nicht one Kritik tat. Was aber die Frage nach dem Autor betrifft, der beiden gemeinsam sein mag, so ist dieselbe schwerlich ganz abschliessend zu beantworten. Von den Schriftstellern jener Zeit kommen nur mer in Betracht Aufidius Bassus und Servilius Nonianus.[3]

Servilius Nonianus[4] dessen Ableben in das Jar 59 fällt, war (vgl. Tac. VI. 31) Consul des Jahres 35, Zeitgenosse des Kaisers Tiberius und mag wol der vir consularis sein, dessen Annalen Sueton (Tib. 61) anfürt. Wir kennen das Urteil Quinctilians über ihn (X. 1) er war „minus pressus quam historiae auctoritas postulat". Nicht mit

---

[1] Mit der seltsamen Einleitung: Εἰ δὲ καὶ τὰ Αἰγύπτια πρὸς τοὺς Ῥωμαικούς προσήκει . . . .

[2] Plin. h. n. X. 25. der sich auf Cornel Votianus beruft

[3] Nipperdey. Ab exc. d. Aug. Einleitung p. XXV.

Weidemann im Progr. d. kgl. G. zu Cleve v. J. 1873 bespricht S. 15—29 sämmtliche etwa in Betracht kommende Schriften; wenn er darunter auch die Commentare von persönlichen Zeitgenossen Tibers anfürt, so geht er meines Erachtens zu weit, da er sie mit den Annalenwerken zusammenwirft, deren stellenweise Benützung durch Tacitus nicht als Unmöglichkeit hingestellt werden kann, wie wir noch sehen werden. —

[4] Octav. Clason. p. 40. ff.

28

Unrecht schliesst O. Clason, dass der Mann, dessen „elegantia vitae"
(vgl. Tac. XIII. 19) auch gerne jene pikanten Züge des Regenten
verbreitete, welche Sueton, uns oft widerlich genug, aufbewart hat.
Aufidius Bassus aber, der nach Seneca (ep. ad Suil. 30. 41)[1])
noch unter Claudius als Greis lebte, wird von Quinctilian gerümt
(X. 1. 103): „quam" (sc. historiae auctoritatem) „Bassus Aufidius
„egregie praestitit genere ipso probabilis in omnibus, sed in quibusdam
„suis ipsis viribus minor" (vgl. Dial. 23). Wir würden vielleicht
in diesen Worten die Berechtigung finden für Tacitus' Verhalten
gegenüber diesem Annalisten. Bassus' Geschichtswerk hat sich über-
dies lange erhalten, und sein Ansehen scheint bedeutender gewesen
zu sein als das des Tacitus. So fürt ihn Cassiodorius als Fortsetzer
der röm. Geschichte nach Livius an[2]) und Plinius lässt sein eigenes
Werk als Fortsetzung des Aufidius Bassus erscheinen[3]), das vielleicht
mit dem Tode des Claudius endete. —

Seneca der Rhetor, dessen Werk „ab initio bellorum civilium
„unde primum veritas retro abiit usque ad mortis suae diem"[4]) (Fragm.
XV. Haase) welches Suet. (Tib. 73) als Quelle für seine höchst unwar-
scheinliche Mitteilung von Tiberius Lebensende anfürt, wird auch
Tacitus bekannt gewesen sein (wir werden seiner eigentümlichen
Tendenz wegen noch auf ihn zurückkommen), aber das Ansehen, das
Aufidius vor allen genoss, der Charakter seiner Geschichtschreibung
wird wol am meisten massgebend gewesen sein für Tacitus, wenn er auf
die Historiker Tibers angewiesen war. — Das war aber bei den Stücken
der Fall, wo wir ihn mit Dio in Uebereinstimmung sehen, der so
wie früher Livius, so später Aufidius Bassus ausgeschrieben haben
mochte.[5]) — Ich will dabei dem Leser nicht bestreiten, dass C. Dio
die Schriften des Tacitus gekannt, eingesehen, und vielleicht sogar
irgendwie benutzt habe, aber diese Benutzung ist viel zu wenig
bestimmt hervortretend und nach den merfachen Ausfürungen
geradezu höchst zweifelhaft.

Wir werden aber noch eine andere Ueberzeugung geschöpft
haben können. Die zalreichen Nachrichten, welche wir aus Dio
Cassius allein gewinnen, beweisen uns zum Teile schon, wie wenig
Rücksicht Tacitus auf die ihm zu Gebote stehenden Annalistenwerke
nam. Aber woher nam er den Stoff zu den umfangreichen ersten
6 Büchern ab excessu divi Augusti? — Die Tatsachen, über welche
er sich aus den Annalisten unterrichtet und deren wir nur noch
wenige im Verlaufe der Untersuchung kennen lernen werden, sind

---

[1]) Vgl. Sen. Suas VI. 18. 23.
[2]) Mommsen Chronik d. Cassiodorius S. 558.
[3]) „A fine Aufidii Bassi" triginta unus vgl. Plin. ep. III. 5. 6.
[4]) So nennt sie sein Son.
[5]) Vgl. Oct. Clason p 51. — Aus Sueton aber auf den Autor zu schliessen,
ist gewagt, da dieser eine grössere Anzal von Quellen für seine biographischen
Schemen einsehen oder verwerten musste. Die Mannigfaltigkeit seiner ziemlich
kritiklos zusammengestellten Charakterzüge und Notizchen hat auch das wunder-
liche Aussehen des Bildes verursacht, das er uns von Tiberius zeichnet. —

nicht gar zu viele. Was blieb ihm übrig, ihm, der sich so scharf gegen seine Vorgänger ausspricht, der im Verhältnis zur Masse der übrigen Erzälungen, so wenig auf sie reflectirt; was blieb ihm anderes übrig, als nach Originalquellen zu suchen und diese zu verwerten? Er war angewiesen auf die Aufzeichnungen von Personen, welche den Ereignissen persönlich näher standen, wenn nicht amtliche Documente ausreichten, die er notgedrungen herbeiziehen musste. — Nun, er hat uns durch Anfürung der Commentare der Agrippina einen Fingerzeig gegeben, bedeutsam genug, denn er besagt, dass Tacitus in den ersten 6 Büchern der Annalen wegen der argen Entstellungen, welche die Geschichte des Kaisers Tiberius erfaren, auf Originalquellen zurückgreifen musste, die sich nicht in dem Ramen eines vollendeten tendenziösen Geschichtswerkes, sondern in den Memoiren der Zeitgenossen darboten. Es wird ihm der Commentar des Kaisers selbst, dessen Sueton (Tib. 61) gedenkt, [1]) wol nicht unbekannt gewesen sein.[2]) Tacitus war nicht immer in der Lage die Angaben der Annalisten zu übergehen, oder zu corrigiren, aber dass er es tat, sobald er konnte, werden uns die Geschichten vom kaiserlichen Hofe beweisen. Bei weitem aber die grösste Aufmerksamkeit widmet Tacitus den Verhandlungen des Senates. Von Sueton oder Vellejus Paterculus ist hiebei fast nicht zu reden, aber selbst in Dios Geschichte finden wir lange nicht die Fülle von Detail in Bezug auf den Senat, wie bei Tacitus. Es wird sich nach dem Gesagten von selbst die Frage nach den besonderen Quellen aufdrängen. —

---

[1]) Etsi commentario, quem de vita sua summatim breviterque composuit ausus est scribere . . . . . . vgl. Sueton Dom. 20.
[2]) Weidemann a. a. O. S. 15. meint commentarii et acta in der zuletzt angefürten Stelle (Sueton Dom. 20) wären identisch. Aber Sueton sagt doch (Tib. 61) zu deutlich, dass es eine Art Selbstbiographie gewesen sei, und diese wird wol Tacitus ebenso bekannt gewesen sein wie Sueton.

II.

Tagesereignisse und Senatsverhandlungen.

Wer die ersten 6 Bücher ab excessu dio Augusti liest wird bald finden, dass Tacitus ein eigenes Schema für die einzelnen Jare geschaffen, welches er fast durchgehends beibehält. Das wichtigste oder seiner Anschauung nach bedeutendste wird mit einer gewissen Breite erzält an den Anfang gestellt, dann folgen Senatsverhandlungen und endlich in knapper annalistischer Form gleichzeitige, weniger bedeutende Ereignisse, welche, wie wir oben sehen konnten, dann meist ausfürlicher bei Dio erscheinen; Dinge, die also warscheinlich aus anderen Annalenwerken dem Publikum bekannt sein konnten. Darunter finden wir auch senatusconsulta, kaiserliche Edicte; daneben wieder interessante Tagesereignisse — an Wundern und Prophezeiungen [1]) bietet Dio jedenfalls mer, — und fast regelmässig am Schlusse der Jaresgeschichte die Todesfälle.

Dass diese Tagesereignisse bald enger bald breiter dargestellt, ebenso wie die Todesfälle in den actis diurnis, der römischen Zeitung enthalten waren, ist bekannt. [2]) Dass sie die Vorgänger des Tacitus benutzten, ist aus Dio's Geschichten klar, der uns ja so manche Zeitungsnotiz, wie wir gefunden haben, mitteilt. Dass sie aber Tacitus selbst eingesehen, sagt er so bestimmt, dass kein Zweifel möglich ist. Hiebei möge noch auf einige beachtenswerte Stellen hingewiesen sein. Das Jar 57 v. Chr. war arm an bedeutenden Ereignissen und Tacitus (XIII. 31) leitet sie folgendermassen ein: „Nerone iterum L. Pisone consulibus pauca memoria digna evenere, „nisi cui libeat laudandis fundamentis et trabibus quis molem amphi-„theatris apud campum Martis Caesar exstruxerat volumina implere — „cum ex dignitate populi Romani repertum sit res illustres anna-„libus talia diurnis urbis actis mandare". — Hierauf bringt er kurze annalistische Notizen über Capua und Nuceria, Herabminderung eines Vectigal, ein kaiserl. Edict, ein Senatusconsult und die Rehabilitirung eines Consularen.

---

[1]) Prodigia erwänt Tac. erst vom Jare 51 an, wo er eben der von Plinius geschriebenen Fortsetzung des Aufidius Bassus zu folgen scheint (vgl. Nipperdey. Einl. p. XXX.)

[2]) Die hiefür massgebende Arbeit Hübners, de senatus populique Romani actis in Fleckeisen. Jhrb. suppl. III. pg. 559 ist es, auf welche man einzig hiebei Rücksicht nemen kann. — Ueber die acta populi pg. 595. u. ff. — Diese, nur städtische Nachrichten enthaltenden Acta wurden warscheinlich auf einem öffentlichen Platze, nach Art amtlicher Kundmachungen geschrieben ausgestellt, und Buchhändler u. dgl. liessen Abschriften davon herstellen, welche dann meist auf das flache Land und in die Provinz geschickt wurden. —

Man wird nun das eine wol herauslesen, dass Tacitus in diesem Falle auf Zeitungsnachrichten angewiesen war, anderseits aber auch erkennen, wie knapp er solche und änliche Annalennachrichten wiedergibt. — Dass er Einsicht in die Zeitungen aus Tibers Tagen genommen, sagt er aber an der hiefür klassischen Stelle (III. 3), wo er in der Zeitung unter den Leidtragenden bei Germanicus' Leichenfeier die Antonia vermisst. [1]) Wie sie für den Stadtklatsch sorgten, spricht er aus XVI. 22, und kennzeichnet deren oft geringen Wert für die Geschichtschreiber XIII. 31. — Dass er sie aber gewiss und sorgfältig durchsah, obwol sie nur städtische Nachrichten enthielten, rümt Plinius [2]) an ihm; aber soweit sie den Kaiser betrafen, konnte man ja Hofnachrichten finden, [3]) und wie aus Plinius hervorgeht, waren selbst Berichte über Senatssitzungen, oder Senats-Beschlüsse in denselben zu finden. [4])

Schwieriger ist es zu beurteilen, ob Tacitus alle Tagesereignisse der Zeitung entnam, oder ob er sie verwendbar bei einem anderen Historiker schon fand. — Einige Momente der Vergleichung mit C. Dio zeigen uns, wie viel er davon übergangen hatte, und was er aufgenommen. Der eine Umstand liegt zu Tage, dass er die Kleinlichkeiten an denen Dio's Gewärsmann Gefallen findet, übergeht, oder nur mit wenigen Worten deren gedenkt. — Aber selbst wenn man auf diejenigen Stellen hinweisen würde, die beide gemeinsam haben (ich spreche hier nur von den Tagerereignissen), die augenscheinlich auf eine gemeinsame Quelle zurückgehen und von beiden nach Bedarf verwendet wurden, kann man weder behaupten, dass dieselben einem Historiker entnommen, noch dass sie aus der Zeitung, woraus ja auch dieser schöpfen konnte, neuerdings von Tacitus entlehnt wurden. — Was aber aus der oben angefürten Stelle unzweifelhaft erhellt, ist, dass Tacitus, wenn auch nicht immer, so doch in gewissen Fällen auch die Zeitungsnachrichten zur Prüfung der Nachrichten seines Gewärsmannes verwertete. [5]) —

Anders gestaltet sich das Verhältnis sobald wir von den Senatsverhandlungen Kenntnis nemen. Wiederholt habe ich bisher im Laufe der Untersuchung auf deren Ausfürlichkeit hingewiesen, und es charakterisirt nicht am wenigsten die taciteische Auffassung der

---

[1]) Reichau in der angef. Abhandlung. pg. 28. verwertet ὑπομνήματα bei Dio (LVII. 23) ganz unrichtig, da es hier um Senatsprotokolle sich handelt, oder besser um Processacte. — Er schliesst ferner aus (I. 53) „Tiberius quidam non Roma eos „milites sed ab Asprenate proconsule Africae missos tradidere auctore Tiberio qui „famam caedis posse in Asprenatem verti frustra spetaverat", dass Tib. diese Nachricht in die Zeitung habe setzen lassen. .

[2]) Plin. an Tacitus, ep. VII. 33. 3. Demonstro ergo, quamquam diligentiam tuam fugere non possit cum sit in publicis actis.

[3]) Dio LVIII. 2. Livia liess die Audienzen publiciren, welche sie gab.

[4]) Vgl. Paneg. 75.

[5]) Vgl. Nipperdey. Einleitung XXII. N. spricht sich ebenfalls für deren Benützung aus, und zwar mit Rücksicht auf VI. 7, wo Tacitus es sagt, dass er vieles bringe, was Andere übergangen hätten; er benutzte sie aber nur gelegentlich. — Nipperdey schränkt aber dies zu ser ein, wenn er meint, er erwäne sie eben nur dort, wo sein Gewärsmann derselben gedenke.

ganzen Geschichte jener Tage: sie spielt sich zum grössten Teile im Senate ab. Nicht als ob Cassius Dio, der andere in Betracht kommende Historiker den Senat nicht berücksichtige; aber seine Berichte über denselben zeigen, wie leicht begreiflich, geringere Würdigung desselben, verschwindend gering gegenüber der taciteischen Darstellung.

Auch hier muss uns vorerst die Frage beschäftigen, wie weit die Dionischen Berichte, d. h. deren Quellen für Tacitus verwendbar gewesen waren.

a. Der ersten Senatssitzung unter Kaiser Tiberius' Regierung, u. z. beim Antritte derselben, gedenken beide. Trotz einiger Abweichungen berühren sie sich hie und da in bemerkenswerter Weise. — Wo es sich z. B. um die Uebername der Regierung handelt:

Dio (LVII. 2) εἰς τὰ στρατόπεδα καὶ εἰς τὰ ἔθνη πάντα ὡς αὐτοκράτωρ εὐθὺς ἀπὸ τῆς Νώλης ἐπίστειλε μὴ λίγων αὐτοκράτωρ εἶναι .... τοὺς μὲν φύλακας ἀμφ' αὑτόν ἤδη ἔχων —	Tac. (I. 7) signum praetoriis cohortibus ut imperator dederat: .. literas ad exercitus tamquam adepto principatus misit .... diesem geht vorher: excubiae arma cetera aulae; miles in forum, miles in curiam comitabatur.

Tiberius, fährt Dio fort, begerte Soldaten zur Leichenfeier, und als ein Senator beantragte ihm eine Leibwache zu geben, versetzte er: „die Soldaten gehören dem Staate". — Bei Tacitus spöttelt man über die Soldaten erst bei der Leichenfeier (vgl. I. 8); ferner:

Dio (a. a. O.) ἐδεδίε γὰρ δῆθιν μή τινες αὐτὸ (den Leichnam) ἁρπάσαντες ἐν τῇ ἀγορᾷ ὥσπερ τὸ τοῦ Καίσαρος καύσωσι. —	Tac. (a. a. O.) Tiberius ermant das Volk: „ne ut quondam nimiis „studiis funus divi Juli turbassent „ita et Augustum ... in foro „cremari vellent."

Nach beiden Schriftstellern will Tiberius eine Teilung der Gewalten vornemen; allein nur Dio spricht von einer Dreiteilung Rom und Italien, Heer, Provinzen. — Ob die Auffassung dieser Teilung, wie sie Dio zeigt, der Quelle angehört, oder nicht vielleicht Dios eigener Anschauung zuzuschreiben ist, wollen wir ununtersucht lassen:

Dio (a. a. O.) Ἀσίνιος δὲ δὴ Γάλλος παρρησίᾳ ἀεί ποτε πατρῴα καὶ ὑπὲρ σύμφέρον αὐτῷ χρώμενος, ἑλοῦ (ἔφη) ἥν ἂν ἐθελήσῃς μοῖραν .. καὶ Τιβέριος	Tac. (I. 12) tunc Asinius Gallus, interrogo, inquit quam partem reipublicae mandari tibi velis ... — invisus tamquam plus quam civilia agitaret Pollionis Asinii patris ferociam retineret ..

Des Kaisers Antwort lautet aber bei beiden wieder verschieden; allein sogleich berichten sie dann übereinstimmend, dass Asinius den Kaiser zu beschwichtigen suchte.

Dio a. a. O.

οὐχ ὡς τὸ τρίτον ἐξοντός σου ἀλλ'ὡς
ἀδύνατον ὂν τὴν ἀρχὴν διαιρεθῆναι
τοῦτό σοι προίτεινα . . . οὐ μέντοι καὶ
τῷ ἔργῳ ἐτίθασαν . . . καὶ γὰρ καὶ τὴν
γυναῖκα αὑτοῦ τὴν προτέραν ἐγεγαμήκε
. . . . . . ὅθεν καὶ πρότερον διὰ μίσους
αὑτῷ ἦν. —

Tac. a. a. O.

non idcirco interrogatum ait, ut
divideret quod separari nequirent
. . . sed unum esse rei publicae
corpus . . . . non idcirco iram
ejus lenivit — pridem invisus
tamquam ducta in matrimonium
Vipsania M. Agrippae filia, quae
quondam Tiberii uxor fuerat.

Dio fügt nur noch bei: „und weil er Drusus als seinen Sohn
„beanspruchte." Tacitus übergeht dies. Dass es sich um dieselbe
Senatssitzung handelt, ist klar; die Entlehnung des Berichtes aus
Tacitus ist aber nicht vorauszusetzen, da Dio über Tacitus' Angaben
hinaus einiges anführt: bleibt sonach nur die Anname einer gemeinsamen
Quelle. – Allein noch mer: Tacitus entreisst die Senatsberichte nicht
ihrem Zusammenhange; so lesen wir im Anschlusse an die obige
Sitzung einen Bericht, den Dio (mit Sueton gemein) an ganz anderer
Stelle verwertet:

Tac. (I. 14.) Alii pa-
rentem, alii matrem
patriae appellandam,
plerique, ut nomini
Caesaris adscriberetur
Juliae filius, censebant.

C. Dio: LVII. 11.
πολλοὶ μὲν μητέρα αὐτὴν τῆς
πατρίδος πολλοὶ δὲ καὶ γονέα
προςαγορεύεσθαι γνώμην ἔδω-
και. — Ἄλλοι καὶ τὸν
Τιβέριον ἀπ' αὐτῆς ἐπικαλεῖς-
θαι ἰσηγήσαντο.

Suet. (Tib. 50.) tulit
etiam per indigne ac-
tum a senatu, ut titulis
suis quasi Augusti ita
et Liviae filius adice-
retur.

Im weiteren Verlauf spricht Dio (LVII. 14) vom Austritte des b.
Tiberstromes, und der Bestellung eines Fünfer-Ausschusses zur
Beratung über Mittel zur Abhilfe. — Tacitus gedenkt dieses Umstandes unter anderen Senatsverhandlungen, genau die Reihenfolge
der behandelten Gegenstände beobachtend (I. 76). Zwei Männer sind
es nur, die dann in einer späteren Sitzung referiren (I. 79). Dennoch
berürt Tacitus mitten unter zalreichen Gegenständen der Tages-
ordnung im Senate den Umstand, dass Drusus den Gladiatorspielen
praesidirte. — Dass er dies einer mit den übrigen gemeinsamen
Quelle entnam, lässt sich erkennen nicht nur aus der Kürze, mit
welcher er all das angefürte wiedergibt, sondern noch mer aus der
eigentümlichen Fassung des Satzes, wo er von den Ursachen spricht,
welche Tiberius bewogen diesen Spielen fern zu bleiben:

„Cur abstinuerit ipse (Tiberius) varie trahebant; alii taedio coetus,
„quidam tristitia ingenii et metu comparationis, quia Augustus comiter
„interfuisset. Non crediderim ad ostentandam saevitiam movendasque
„populi offensiones concessam filio materiam, quamquam id quoque
„dictum est". Bei Cassius Dio heisst es aber nur, Tiberius habe,
als ein Ritter gefallen, den anderen nicht mer teilnemen lassen.

Wärend Tiberius in der Ferne weilt, wird von dem Senate der
Process des Lutorius Priscus geführt (Tac. III. 49 stellt ihn an das
Ende des Jares 21). Wie leicht begreiflich, ist das betreffende,

3

darauffolgende Senatusconsult bei Dio (LVII, 20) gleichlautend mit dem bei Tacitus (a. a. O.) angefürten:

καὶ δόγματι παραδοδῆναι ἐκέλευσε μήτ'
ἀποθνήσκειν ἐντὸς δίκα ἡμερῶν τὸν κατα-
ψηφισθέντα ὑπ' αὐτῶν μήτε τὸ γράμμα
τὸ ἐπ' αὐτὸν γινόμενον ἐς τὸ δημόσιον
ἐντὸς τοῦ αὐτοῦ χρόνου ἀποτίθεσθαι. —

igitur factum senatus consultum ne decreta patrum ante d i e m d e c i m u m ad aerarium deferrentur atque vitae spatium damnatis prorogaretur.

Dass wir selbst dort, wo Tacitus und Dio übereinstimmendes berichten, genötigt sind aus einem anderen Zusammenhange das betreffende bei beiden herauszulösen, zeigt sich auch bei einer anderen Gelegenheit. Dio erzält (LVII. 23), dass Tiberius alles was man schmähliches über ihn unter vier Augen sagte, öffentlich zu wiederholen verlangte, ja noch ärgeres dazu erhärtete. Wir erinnern uns dabei an Tac. V. 43, VI. 4. — Allein dass er es nicht dort entnommen, lert der Zusatz: ἀφ' οὗ δὴ καὶ ἐξιστηκέναι τινές αὐτὸν τῶν φρενῶν ὑπόπτευσαν. Dass er aber wol recht vernünftig sei, spricht Dio weiter, zeigte er dadurch, dass er einen Senator unter Curatel stellte; ferner:

τὸν Καπίτωνα τῶν τὴν Ἀσίαν ἐπιτροπεύ-
σαντα ἐς τὸ ὀνειδρίον ἐσήγαγε καὶ ἐγκα-
λέσας αὐτῷ, ὅτι στρατιώτας ἐχρή-
σατο ὡς καὶ ἀρχὴν ἔχων ἐπραξεν. —

Tac. IV. 15. apud quos (sc. patres) etiam tum cuncta tractabantur, adeo ut procurator Asiae Lucilius Capito accusante provincia causam dixerit magna cum adseveratione principis ... quod si v i m p r a e t o r i s usurpasset m a n i b u s q u e m i l i t u m u s u s foret, spreta in eo mandata s u a.

c. Erst gegen Ende der Geschichte der Regierungszeit des Kaisers werden wieder von beiden in Rede stehenden Schriftstellern d i e - s e l b e n Senatssitzungen berürt:

C. Dio (LVIII. 17) erzält zuerst, dass die Senatoren am Neujarstage sich dadurch lächerlich machten, dass sie einer nach dem andern persönlich den Eid leisteten. Durch einen anderen Act aber hätten sie sich noch lächerlicher gemacht. — In dem letzteren nun stimmen Dio und Tacitus wieder überein.

Dio: πότε δὲ καὶ ἕτερόν τι γελοιότερον
ἐγένετο προχειρίσασθαι τε γὰρ αὐτὸν ὅσους
ἂν ἐθελήσῃ αφ'ῶν καὶ ἐξ αὐτῶν εἴκοσιν οὓς
ἂν κλῆρος ἀποφήῃ, φρουροῖς, ὁσάκις ἄν ἐς
τὸ βουλευτήριον ἐσίῃ, ξιφίδια ἔχουσι
χρῆσθαι ἐψηφίσαντο.

Tac. (VI. 2). T o g o n i u s Gallus per d e r i d i c u l u m auditur. Nam principem orabat deligere senatores, ex quis viginti sorte ducti et ferro accincti, quotiens curiam inisset salutem ejus defenderent.

Die Verschiedenheit beider Berichte liegt schon darin, dass Dio es entschieden als Beschluss hinstellt, dessen Lächerlichkeit er noch näher kennzeichnet, indess Tacitus den Antragsteller nennt, in welchem

der Gedanke durch den Brief Tibers bei Seians Verhaftung hervorgerufen worden wäre, worauf er schliesslich bemerkt, Tiberius habe ab-
gelehnt. Tacitus übergeht also das von Dio angefügte, dass der Kaiser
die Leibwache ehrte, die Senatoren aber lobte, weil sie die Besoldung
der Leibwachen auf's Aerar namen. Das hätte wol Tacitus angefürt,
wenn er Dios Gewärsmann durchaus gefolgt wäre; bringt er uns
doch eine Art Auszug aus dem Antwortschreiben des Kaisers
(ludibria seriis permiscere solitus egit gratis benevolentiae patrum).
Um so eher hätte er es angefürt, als er gleich in demselben Zusammenhange wie Dio des Junius Gallio und seines Schicksales gedenkt.

Dio (a. a. O.) ὥστε καὶ Ἰούνιον
Γαλλίωνα θέαν τοῖς δικαστρα-
τευσαμένοις αὐτῶν ἐν τῇ τῶν ἱππέων
ἕδρᾳ δίδοσθαι ἐισηγησάμενον, μὴ μόνον
φυγαδεῦσαι αὐτὸν τοῦτο ἐπικληθέντα
ὅτι σφᾶς ἀναπείθειν ἐδόκει τῷ κοινῷ
μᾶλλον ἢ ἑαυτῷ εὐνοεῖν, ἀλλὰ καὶ ἐπειδὴ
ἔγνω αὐτὸν ἐς Λίοβον ἀπαίρειν, τῆς
τε ἐπὶ ἀσφαλοῖς εὐδαιμονίας ἀφελέσ-
θαι καὶ ἐς φυλακήν τοῖς ἄρχουσιν
ὥσπερ ποτὲ τὸν Γάλλον παραδοῦναι —

Tac. (VI. 3) at Junium
Gallionem, qui censuerat, ut
praetoriani actis stipendiis jus
apiscerentur in quatuordecim
ordinibus sedendi, violenter in-
crepuit velut coram rogitans,
quid illi cum militibus, quos neque
dicta nisi e praetorio neque prae-
mia nisi ab imperatore accipere
par esset. . . . . . Hoc pretium
Gallio . . . . tulit statim curia,
deinde Italia exactus; et
quia incusabatur facile to-
leraturus exilium delecta
Lesbo, insula nobili et amoena,
retrahitur in urbem custo-
diturque domibus magis-
tratuum.

Dio setzt nun fort, Tiberius bat den Senat darum, dass ihn
Macro und die Kriegstribunen in die Curie begleiten dürften. Der
Senat willigte ein, ja er beschloss sogar, dass sich die einzelnen
seiner Mitglieder vor dem Eintritt in die Curie nach Waffen unter-
suchen lassen sollten; doch, fügt er bei, geschah dies erst im nächsten
Jare (33 n. Chr.). Lezteren Beschluss übergehend, fürt den erst-
genannten auch Tacitus unter den Senatsverhandlungen des Jares 33
auf (VI. 15). — Zwischen diesem und jenen mit Dio gemeinsamen
Momenten (VI. 3 — VI. 15) schieben sich Zuschriften des Kaisers,
Scenen in dem Senate ein; unter anderem findet sich auch ein Brief
Tibers, dessen Inhalt Tacitus angibt, dessen ersten Satz er aber
wörtlich anfürt, wie er sich diesmal auch bei Sueton findet, wärend dies
C. Dio übergeht. — Sueton (Tib. 67) und Tacitus (VI. 6) stimmen aber
buchstäblich überein: „quid scribam vobis patres conscripti, aut quomodo
„scribam aut quid omnino non scribam hoc tempore, di me deaeque
„peius perdant, quam perire me cotidie sentio, si scio“. —
    Man wird sich sagen müssen, dass diese Uebereinstimmung
auffällig ist, aber eine Hypothese darauf zu bauen wird schwer
möglich sein. — Tacitus konnte hier mit Sueton denselben Autor

3*

benutzt haben und die Worte, welche Tacitus daran knüpft, klingen für Tiberius verdammend genug, um den Gewärsmann Suetons vermuten zu lassen, dessen feindseliger Haltung gegen den Kaiser Sueton die Schattenlinien in seiner Zeichnung verdankt haben mag. — Allein die Genauigkeit, mit welcher Tacitus die Reihenfolge in der Behandlung der Gegenstände im Senate beobachtet, der Umstand, dass er das minder wesentliche übergehend aber die wichtigen Processe, wie sie Sitzung für Sitzung verhandelt wurden, anfürt, beweisen, dass er seinen Annalisten ungenügend fand und auf Originalacte zurückgieng. Sagt er ja selbst, dass die anderen alle diese Processe übergehen; nur er fände es notwendig darauf einzugehen (vgl. VI. 7, XVI. 16, XIII. 49). — Die Relationen selbst sind meist so geschäftsmässig knapp gefasst, dass man unwillkürlich an ein geschäftliches Protokoll denken muss. Doch wird sich dies noch deutlicher ergeben.

d.   Dio (LVIII. 19.) bemerkt, dass Tiberius gegen zwei Anhänger Seians Schonung walten liess, gegen Lucius Seianus und M. Terentius; und schliesst das Jar mit der Erwänung von L. Pisos Tode. — Tacitus erzält, nachdem er die Processe angefürt, nur den Fall des Terentius, fügt dann wieder Processe ein, und schliesst wie Dio mit L. Pisos Tod. — Die Erzälung von Terentius klingt bei beiden fast gleich, wie denn auch ein Teil seiner Rede bei Dio aufgenommen ist:

Dio (LVIII. 19. 3) καὶ γάρ τοι προσήκει ἡμῖν πάντας τοὺς ἐπ' αὐτοῦ (αὐτοκράτορος) τιμωμένους ἀγαπᾶν μὴ πολυπραγμονοῦντες ὁποῖοί τινές εἰσιν, ἀλλ' ἵνα ὅρον τῆς φιλίας σφῶν ποιουμένους τὸ τῷ αὐτοκράτορι αὐτοὺς ἀρέσκειν.

Tac. (VI. 8). Non est nostrum aestimare, quem supra ceteros et quibus de causis extollas. Tibi summum rerum judicium di dedere: nobis obsequii gloria relicta est. —

Man kann leicht erkennen, wie weit beide differiren, aber man sieht, es handelt sich um dieselbe Rede, die Tacitus mit einer gewissen Freiheit gegenüber dem Gewärsmanne Dio's verwendet. Endlich schliessen beide:

Dio. Πίσωνα . . . δημωσίᾳ τάφῃ ἐτίμησεν . .

Tac. (VI. 11.) Dein Piso publico funere ex d. S. celebratus est. [1])

e.   Zum Schlusse charakterisirt sich Dio oder sein Gewärsmann am besten in der Darstellung des Albucillaprocesses, welchen uns Tacitus (VI. 47) ausfürlich erzält. Aus Dio würden wir nie entnemen, dass Domitius, dann die Frau, welche vor dem Senate sich verwundet und Arruntius in diesen einen Process verwickelt sind. Dio (LVIII. 27) berichtet: „Noch hatte Macro unter anderen auch „dem Domitius Anklage und Folter zugedacht; aber nicht alle „Angeklagten fanden den Tod, weil Tiberius von Thrasyllus getäuscht, „ein längeres Leben hoffte und desshalb den Aufschub nicht miss- „billigte" — Seltsam ist das Verhalten Suetons zu dieser Nachricht.

---

[1]) Nur mit dem Unterschiede, dass auch hier Tacitus eine Reihe von anderen Verhandlungen und eine laudatio des C. Piso einschiebt. Aenliches bemerkten wir oben S. 26, wo auch von einer Nachrichtenreihe bei Tacitus nur Anfang und Ende bei Dio erscheinen.

Mit dem ersteren stimmt er überein. (Tib. 62.) Tiberius würde noch mer getötet haben, „quod nisi cum et mors praevenisset et Thra-„syllus consulto ut aiunt differre quaedam spe longioris vitae „compulisset, plures aliquanto necaturus .... creditur.“ [1] Dio spricht dann von einer Frau, die, vor den Senat gestellt, sich selbst verwundete und so in den Kerker geschleppt wurde. Das ist eben die Albucilla in dem bei Tacitus erzälten Processe. [2] Hierauf hören wir von dem Selbstmorde des Arruntius, der ihn, als der Process fast niedergeschlagen war, desshalb vollzog, weil er in Gajus den schlechten Regenten voraussah. Wir lesen bei Dio dieselben Worte, die er zu seinen Freunden sprach, wie bei Tacitus.

Dio (LVIII. 27): εἴπων ὅτι οὐ δύναμαι Tac. (VI. 48.) Sibi satis aetatis
ἐπὶ γήρως διοπότῃ καινῷ καὶ τοιούτῳ .... prospectare jam se
δουλεύσθαι. acrius servitium, eoque fugere
simul acta et instantia.

Nur aus Tacitus aber erfaren wir, dass Domitius, Arruntius und Vibius Marsus in den Process der Albucilla verwickelt waren. Und doch stimmt Dio mit Tacitus in Betreff des Domitius (dass er dem Macro verfeindet war) und in Betreff des Arruntius (dass er hochbetagt gewesen sei) zusammen. Wenn Dio aber des letzteren Bildung rümt, so ist es bei Tacitus Vibius Marsus, von dem er sagt: „Marsus quoque vetustis honoribus et inlustris studiis erat“. —

An eine Entlenung aus Tacitus seitens Dio's ist nicht zu denken. Die einzig mögliche Anname bliebe bestehen, dass Tacitus in denselben Annalisten, wie Dio Einsicht nam, das Erwänenswerte aufnam, das Felende aber durch Originalangaben ergänzte. Er spricht ja (III. 65): „Exequi sententias haud institui nisi insignes „per honestum aut notabile dedecore; quod praecipuum munus „annalium reor, ne virtutes sileantur, utque pravis dictis factisque „ex posteritate et infamia metus sit.“ — Er bemerkt wie jene Zeiten so verdorben waren, dass nicht nur die ersten Männer des Staates „(primores civitatis) consules, praetores, senatores pedarii certatim ex-„surgerent foedaque et nimia censerent;“ dass selbst Tiberius von Verachtung erfüllt, so oft er aus der Curie gieng, ausgerufen habe:

---

[1] Sueton Tib. 73. Interim cum in actis senatus legisset, dimissos ac ne auditos quidem quosdam reos, de quibus strictim, et nihil aliud, quam nominatos ab indice scripserat; pro contempto se habitum fremens, repetere Capreas quoquo modo destinavit, non temere quidquam, nisi ex tuto ausurus. — Tiberius starb, worauf S. bemerkt, dass diejenigen, deren Todesurteile ausgefertigt waren, die Strafe noch nach dem Tode Tibers erlitten, da Gajus nicht nach Rom kam und der zehntägige Termin, der gemäss eines früheren Senatsbeschlusses eingehalten wurde, mittler-weile abgelaufen war. Daraus würde sich ergeben, dass doch noch Verurteilungen stattfanden, und dass der Albucillaprocess nicht der letzte war, wie Weidemann (Progr. 1869 pag. 3) behauptet — und es wird sich die Stelle (Tib. 73) wol eher auf diese und nicht auf die Mitangeklagten der Albucilla beziehen. Es waren Angeklagte, welche weniger Interesse für Tacitus haben mochten; dass er den Um-stand kennt, beweisen die einleitenden Worte in c. 47 „interim Romae etiam post Tiberium caedibus semina jaciebantur.“

[2] Tac. a. a. O. Albucilla inrito ictu a semet vulnerata jussu senatus in carcerem fertur.

„O homines ad servitutem paratos." Man ersieht also von welcher
Absicht Tacitus geleitet wurde, man erkennt wie ungenügend ihm die
Annalisten erschienen, da sie diese Dinge übergiengen, welche doch
am meisten den Platz in den Annalen verdienten. Woher sollte sie aber
Tacitus dann entnemen? — Er selbst entschuldigt sich wiederholt,
wenn er hiebei länger verweile (I. 73.): „ut quibus initiis . . . gravissi-
„mum exilium inrepserit, . . . cunctaque corripuerit, noscatur" und
(IV. 32): „P l e r a q u e eorum, quae r e t t u l i quaeque r e f e r a m,
„p a r v a forsitan et levia memoratu videri non nescius sum: sed
„nemo annales nostros cum scriptura eorum contenderit, qui veteris
„populi Romani res conposuere." c. 33 „nos saeva jussa, continuas
„accusationes, fallaces amicitias, perniciem innocentium et easdem exitii
„causas conjungimus — at m u l t o r u m q u i T i b e r i o r e g n a n t e
„poenam vel infamias subiere, p o s t e r i m a n e n t." Also auch diesen
wollte er gerecht werden. Wenn wir nochmals auf die obige Stelle
(VI. 7.) hinweisen, wenn wir ferner nicht übersehen, dass er es so
oft nötig findet, s e i n e eigene Art zu schreiben, zu rechtfertigen im
Vergleiche zu den andern, werden wir uns der Meinung nicht
verschliessen, dass Tacitus seine eigenen Wege gieng und geradezu
auf Originalquellen zurückgreifen musste. [1]) —

Reden.   Auf was für Berichte konnte Tacitus also zurückgreifen? Wenden
wir uns zu den Reden, so sind wol die bedeutendsten und am aus-
fürlichsten excerpirten die des Kaisers selbst. Der Eindruck, den
dieselben noch im Excerpte [2]) auf den Leser machen, bezeugt, möchte
ich sagen, fast schon deren Echtheit. —

Dieselben finden sich ebenso wie seine Zuschriften an den Senat
ziemlich ausfürlich bei Tacitus wieder: so II. 36. 38. III. 12, „orationem
„habuit medidato temperamento" und (IV. 37.) als die Provinz Hispania
ulterior dem Kaiser einen Tempel bauen will: „qua occasione Caesar . . .
„respondendum ratus iis, quorum rumore arguebatur, in ambitionem
flexisse, hujuscemodi orationem coepit."

Nun sagt Tacitus (II. 63) selbst: „extat oratio"; und dass die Reden
ihm nicht fremd blieben, dass er dieselben im Gegensatze zu den
anderen Annalisten eingesehen, erklärt er ausdrücklich (I. 81). Wärend
nemlich Dio (LVIII. 20.), in dessen Werke wir mit immer wachsender
Ueberzeugung die Reste der vortacitcischen Historiker sehen, über die
Comitien eine ganz bestimmt ausschende Mitteilung macht, [1]) spricht

---

[1]) Vgl. auch Weidemann Progr. 1869. pg. 7. c. 5.
[2]) Wie Tacitus die Reden selbst hie und da umgestaltet, one den Inhalt zu
stören, zeigt der Vergleich der Rede des Kaiser Claudius über das jus honorum
der Gallier, wie sie auf der Lyoner Tafel erhalten, und wie sie bei Tacitus
wieder gegeben erscheint XI. 24. — Die Veränderungen sind eher stilistische zu
nennen, durch welche einigermassen das Anakoluthe des Originals „verbessert"
wurde. (Vgl. Nipperdey. A. e. d. A. — Anhang.)
[3]) Gerade wie Plinius (h. n. XI. 187) einer Rede des Vitellius gedenkt.
[4]) Danach wurden merere Consulen wärend des Jares gewält; einige, heisst
es nun bei Dio, empfal er selbst dem Senate, die anderen überliess er der Abstimmung, dem Vergleiche oder Lose; worauf sie sich der Form nach von der
Bürgerschaft wälen liessen τῆς ἀρχαίας ὁσίας ἕνεκα ὥστε ἐν εἰκόνι δοκεῖ γίγνεσθαι. —

sich Tacitus folgendermassen aus: „De comitiis consularibus, quae tum „primum illo principe ac deinceps fuere, vix quicquam firmare ausim: „adeo d i v e r s a non modo aput auctores, sed in i p s i u s orationibus reperiuntur." Ebenso eingehend können wir uns über den Briefwechsel zwischen Seian und Tiberius aus Tacitus (IV. 39) unterrichten, und in VI. 30. lesen wir auch den Brief des Lentulus Gaetulicus.

Schwerlich hat Tacitus die Reden den actis senatus entnemen können; viel sicherer lässt sich vermuten, dass sie gesammelt ihm vorlagen. Werden doch auch Reden anderer bedeutender Senatoren ausfürlicher mitgeteilt, so des M. Hortalus, des Cremutius Cordus, des Arruntius, M. Lepidus. Es sind Männer berümt als Redner, ebenso wie Vitellius, [1]) dessen einer Rede auch Plinius gedenkt. Nun existirte auch eine S a m m l u n g v o n R e d e n u n d B r i e f e n b e r ü m t e r S t a a t s m ä n n e r, woran (nach Dial 36/37) Mucianus arbeitete, der unter Tiberius geboren in den Jaren 70—80 noch am Leben, unter Vespasian eine so bedeutende Rolle gespielt hatte. [2]) Dieselbe Sammlung mag auch Sueton gedient haben für den Briefwechsel zwischen Augustus und Tiberius, noch mer aber für die Bruchstücke von Reden des Kaisers, die er uns in der Biographie Tibers mitteilt (Tib. 28, extat et sermo ejus in senatu percivilis . . 29, u. 67.) — Halten wir uns vor Augen, dass bei C. Dio in der Geschichte Tibers keine Spur von solchen in seiner Quelle etwa vorgekommenen Reden vorhanden, dass Tacitus selbst ausspricht, dass er die Reden eingesehen, halten wir dies endlich zusammen mit dem Urteile, das er über seine Vorgänger fällt und wir werden die Anname einer eingehenden Benützung dieser Reden durch Tacitus gerechtfertigt finden. Um so mer, als ja für Tacitus als Rhetor die Senats- und Processreden doch offenbar von jeher Gegenstand des Studiums gewesen sein müssen.

Wie verhält es sich aber mit den einzelnen Senatsverhandlungen? — Vollkommen ins Detail gehende Schilderung von Senatsscenen finden wir nur bei den bedeutenderen Senatsverhandlungen. Er wird, wie er selbst sagt, dabei von einer bestimmten Absicht geleitet, wenn er näher darauf eingeht, wärend er sich dann begnügt, Senats-beschlüsse selbst kurz und summarisch daranzufügen. Wol aber der Reihenfolge in der Behandlung so entsprechend (auch da wieder im Gegensatze zu der Ueberlieferung bei Dio), dass man den Ein-druck einer actenmässigen Wiedergabe beim ersten Anblicke bekömmt.
(Randbemerkung: Amtliche Quellen. Acta senatus und acta diuina.)

Wo nun fanden sich diese amtlichen Berichte vor? Bei C. Dio konnten wir sehen, wie spärlich sie in seinem verarbeiteten Geschichts-werke vorlagen; selbst wenn man das excerptorische Vorgehen C. Dios in Rechnung bringt, wenn man selbst annäme, dass er vieles als weniger interessant übergangen habe, ja wenn man vielleicht mit-

---

¹) Tac, (III. 13.) multa eloquentia et Vitellius, vgl. Plin, h. n. XI. 37. 187.
²) Vgl. Karsten a a. O . . Weidemann Progr. 1873. S. 22. — Die Benutzung der mer den Raritäten gewidmeten Commentare des Mucianus stellt er S. 23 ff. mit Recht in Abrede.

anfürt, dass sein Werk eigentlich selbst nicht vollkommen erhalten ist in diesen Partien der römischen Geschichte, so zeigen selbst die Spuren, welche von Senatsverhandlungen sich finden, wie unvollständig und ungenau dieselben bei seinem Gewärsmanne erhalten waren. Dazu kommt noch eines: Der Senat unter Tibers Nachfolgern schien das Bewusstsein seiner Würde nur wenig mer empfunden zu haben. Wie weit der Zersetzungsprocess vorgeschritten, beweist die Jämmerlichkeit desselben unter Nero und· das traumhafte Handeln in der Zeit der Vernichtung des julischen Hauses und des Aufkommens der Flavier. Erst unter den Antoninen, erst als mit Nerva und Trajan das senatorische Element zu achtungswerter Geltung kam, freilich in bescheidenen Grenzen, da konnte man zurückblicken auf die Vergangenheit, man konnte sagen, der Senat selbst hat sich mitschuldig gemacht an seinem Untergange. — Jetzt erst konnte man die Auflösung des alten Patriciats und den Zusammenhang dieses Processes mit dem Wachsen der factisch unbeschränkten Imperatorengewalt übersehen und erkennen. — Die ganze Geschichte Neros wie sie uns bei Tacitus erhalten, zeigt die Mitschuld des Senats an dem launenhaften Treiben des tändelnden Tyrannen. — Einen ganz änlichen Eindruck macht die Geschichte des Senats unter Kaiser Tiberius. Ich brauche nicht zu wiederholen die Klage, welche Tacitus aussprach, nicht die scharfen Worte des Kaisers selbst, der seinen Senat kannte! — In der Zeit also, als die erste Geschichte dieses Kaisers geschrieben wurde, erkannte wol mancher, wie wir aus Dio oben erfaren, das lächerliche seiner loyalen Extravaganzen; aber die Würde des Senats war zu ser verschwunden, als dass man viel auf seine Verhandlungen gegeben, in welchen er von Tiberius zur Mitwirkung herangezogen, die Acte des Kaisers eigentlich mit als Acte des Senats legalisirte. — Tacitus betrachtete die Sache anders. Jetzt war ja der Senat wieder zu Ansehen gekommen, er selbst mit Plinius Mitglied dieser Körperschaft. Mit einer gewissen Selbstgefälligkeit spricht Plinius von seiner eigenen und des Tacitus Wirksamkeit als Senatoren,[1]) und — beklagenswert genug — sie haben beide so manche Genossen, denen es wenig Ernst ist mit der verantwortlichen Würde, die sie bekleiden.[2]) Es ist eine gewisse Absicht, die Tacitus verfolgt: die Geschichte soll den jungen Senat durch die traurige Vergangenheit beleren. Darum jene Klagen über die Verkommenheit der alten Adelsgeschlechter, der Schmerz, der sich ausspricht über ihren ob verdienten oder unverdienten Untergang. — Beides setzen Sievers und Stahr und deren wenige Nachbeter auf Rechnung kleinlicher Eitelkeit eines „Parvenus." — Tacitus spricht sich doch klar genug über seine Absicht aus, wenn er sagt: „quod praecipuum munus annalium „reor ne virtutes sileantur, utque pravis dictis factisque ex „posteritate et infamia metus sit!" (III. 65.). —

---

[1]) Plin. ep. II. 1.. 11, VIII. 14. „reducta libertas rudes nos et imperitos „deprehendit" charakterisirt nicht wenig die Verhältnisse. — IX. 14 23.
[2]) Plin. ep. IV. 25.. III. 20., VI. 5., VI. 13. —

Von diesen Anschauungen geleitet konnte er freilich die vorhandenen Annalenwerke nicht entsprechend finden. — Worauf griff er also zurück? — Leider lässt sich auch diese Frage nicht mit so viel Sicherheit beantworten, als es wünschenswert wäre. Ob namentlich die kurz und knapp aufgenommenen Senatsbeschlüsse, ja die Abstimmungen selbst, aus der Zeitung, den actis diurnis entnommen sein können, ist unbestimmt, obwol dieselben auch den Inhalt der Zeitung mit ausmachten. Wir haben oben gesehen, dass Tacitus Einsicht in die letztere genommen, dass er sie für seine Historien benutzt, haben wir aus Plinius erfaren, aber wer vermag zu behaupten, dass sie für die Zeit des Tiberius so ausfürlich gewesen, wie in der Zeit, als Plinius lebte? — Eines könnte die Verwertung warscheinlicher machen, und das ist die genaue Beobachtung der Zeitfolge in den einzelnen Verhandlungen. — In Bezug auf die Processe, die ganz bestimmt, wie sich es aus Tacitus Worten entnemen lässt, erst von ihm in die Annalen aufgenommen wurden, lässt sich das gleiche sagen; es müsste denn eine änliche Sammlung angenommen werden, wie sie von den Processen jener Unglücklichen, die unter Nero verurteilt wurden, von Fannius gemacht worden war.[1])

Wird man vielleicht mit mer Recht eine Verwendung der acta senatus annemen können? Wir haben bisher wesentlich äussere Momente angefürt; allein es berüren sich dieselben auch mit inneren. Im einzelnen hat nun gerade aus dem Charakter gewisser Senatsberichte Weidemann den Schluss gezogen, dass sie auf die Benutzung der acta senatus zurückzufüren seien.[2])

Eben auch dort, wo sich die Verhandlungen über geringfügige Dinge hinziehen, ist Tacitus ausfürlicher : er bringt die Namen der Referenten, Meinungen einzelner Senatoren, den Vorgang der Abstimmung; die Digressionen werden genau trotz aller Kürze angefürt. Das gleiche gilt von der pünktlichen Einhaltung der Reihenfolge. So zieht denn auch Weidemann heran die Verhandlungen nach der Tiberüberschwemmung (Tac. I. 76). Tac. registrirt hiebei die verschiedenen Meinungen, die Proteste der Municipien. At. Capito und Arruntius erhalten den Auftrag mit der Regulirungsfrage sich zu beschäftigen. — Dann kommen andere Gegenstände zur Verhandlung, und (I. 79) in einer späteren Senatssitzung referiren beide über die Erledigung ihrer Aufgabe und es kommt zur Abstimmung.[3]) — Eine ganz änliche Beobachtung können wir machen an den Verhandlungen des Jares 21 und 22. Im Jare 21 wird Caesius Cordus angeklagt (III. 38), und im Jare 22 (III. 70) erfolgt erst die Entscheidung des Processes und die Verurteilung.[4]) Noch bezeichnender aber ist folgendes : Der Flamen Dialis Servius Maluginensis erhebt Anspruch auf den Statthalterposten in Asien (III. 59); — dann wird die Zuschrift des Kaisers

[1]) Plin. ep. V. 5.
[2]) Weidemann Progr. 1860.
[3]) Weidemann S. 9. 10.
[4]) Weidemann S. 16 und ff.

verlesen, welche die v o r h e r gehenden Anträge betraf und später erst, als gerade wieder „de religionibus" verhandelt wurde, bei Gelegenheit der Wal des Ortes für einen Tempel, den die Ritterschaft der fortuna equestris erbauen wollte, erfolgt auch die entscheidende Antwort des Kaisers für den Servius.

Wie ganz anders erscheint die Verhandlung wegen der Luxusgesetze bei Tacitus gegenüber dem, was uns Dio oder besser gesagt dessen Gewärsmann überliefert. Tacitus bringt uns die ganze Debatte zwischen Octavius Fronto und Asinius Gallus; wir erfaren, dass der Gegenstand in der Sitzung besprochen wurde, welche jener folgte, in welcher man über die Dank- und Ehrenbezeugungen von wegen der Entdeckung der Libonischen Verschwörung beraten hatte (proximo senatus die). Wir hören in Kürze die Meinung des Kaisers, der auch gegen Fronto sprach. — Bei Dio (LVII. 15) wird eine Anekdote daraus, welche wir eben kennen gelernt haben, [1] und die uns Tiberius als Puristen charakterisiren sollte.

In derselben Sitzung beklagt sich auch L. Piso über die Heftigkeit der Ankläger und Tiberius sucht, bewegt von dessen Worten, ihn zu beschwichtigen (Tac. II. 33, 34). —

Und c. 35 leitet Tacitus ein: „Res eo anno prolatas haud referrem „ni pretium foret Cn. Pisonis et Asinii Galli super eo negotio diversas „sententias noscere." — Man sieht zugleich, welches Interesse Tacitus bei seiner Auswal aus den actis senatus leitete. Cn. Piso wie As. Gallus waren ja ware Charakterköpfe im Senat. Piso, der sich als alter Aristokrat Tiberius, wie später Germanicus gegenüber, mer als Freimütigkeit gestattete (vgl. I. 79) und Asinius Gallus, der persönlich dem Tiberius unangenem, durch so manche Anträge dem Kaiser lästig wurde (vgl. II. 36), obwol er die besten Absichten dabei zu haben schien. — Solcher Männer Senatsreden konnte Tacitus nicht überschlagen.

Die Benutzung der acta senatus liesse sich aber auch erraten aus den Details, welche wir von einigen Verhandlungen bekommen, die unbedeutenden Gegenständen gewidmet sind, so die langen Verhandlungen über das Asylrecht einiger griechischer Tempel (Tac. III. 60—63). Bei Tacitus' hoher Meinung, die er vom Senate hatte, ist wol der Ausruf: „magnaque ejus diei species fuit, quo senatus majo-„rum beneficia, sociorum pacta, regnis etiam, qui ante vim Romanam „valuerant decreta ipsorumque numinum religiones introspexit, libero ut „quondam, quid firmaret mutaretve" — ser ernst gemeint.[2] Selbst an dem Schimmer verlorenen Ansehens erwärmte sich sein Herz. Freilich fanden die Senatoren Tibers die Sache bald unbequem und überliessen die trockene juridische Behandlung der Frage den Consulen, auf deren späteres Referat hin der Beschluss gefasst wurde. — Aenliche Verhandlungen werden (IV. 43) gefürt wegen eines Rechtsstreites zwischen Lakedaemoniern und Messeniern; allein in demselben Kapitel werden noch andere Gegenstände erwänt, über die

---

[1] Oben Seite 13.
[2] Weidemann S. 10 scheint es als Ironie zu verstehen.

verhandelt wurde, die nur insoferne verwandt sind, als es auch Pro-
vinciale sind, welche in ihren Angelegenheiten sich an den Senat
wenden. Und endlich die für die Reichsgeschichte doch so unbedeutende Frage, welcher von den kleinasiatischen Städten die Ehre
zu Teil werden sollte, einen Augustustempel bauen zu dürfen : alle
Rechte werden gewissenhaft erwogen und der Senat entscheidet sich
endlich zu Gunsten Smyrnas. Selbst die amtliche Formel „senten-
„tiam rogare" wird angefürt und eines Amendements, das Vibius
Marsus stellte, gedacht (Tac. IV. 43). Wer wird da die eifrige
Benutzung der acta leugnen wollen? Und auch hier die Beobachtung der
chronologischen Folge. Schon im Jare 23 wollten einige einen Tempel
bauen (IV. 15) und erst im Jare 26 entscheidet sich der Senat.[1) —
So werden wir auch noch hinweisen können auf die Verhandlungen wegen der Besetzung des Statthalterpostens in Africa und
Asien im Jare 21.

In einer Sitzung (III. 32) verlangt Tiberius, der Senat solle einen
Mann bezeichnen, welcher als tüchtiger Soldat im Stande wäre die
Einfälle des Tacfarinas zu bestrafen. Es entspinnt sich nun darüber
eine Debatte, in welcher Sex. Pompeius dem M. Lepidus wegen der
demselben nun zufallenden Provinz Asia nichts weniger als schmeichel-
haftes sagt. Allein der Senat verschliesst sich dem Ansinnen, und
M. Lepidus erhält seine Provinz; was Africa betraf, so beschloss
man dem Kaiser die Wal zu überlassen. Inzwischen hatte auch
Severus Caecina den Antrag gestellt, die Mitname der Frauen in
die Provinz zu verbieten; eine leidenschaftliche Debatte wird auch
darüber eröffnet, die uns Tac. (III. 33.) erhalten hat. In der nächsten
Senatssitzung (III. 35. proximo senatus die) wird die Antwort des
Kaisers auf die Mitteilung des Senatsbeschlusses hin mitgeteilt,
worin er sich tadelnd über den Senat ausspricht, der ihm alle Sorgen
überlasse; er schlägt zugleich M'. Lepidus und Junius Blaesus für die
Verwaltung Africas vor und der letztere wird vom Senate dazu bestimmt.

Gibt man nun zu, dass Tacitus an diesen Stellen die acta senatus
benützte, dann wird man deren Einsichtname und Verwertung auch
für Verhandlungen zugeben müssen, die von grösserer Wichtigkeit
gewesen waren. —
Uebrigens füge ich noch eine Beobachtung bei, die man bei
der Lecture der Senatsverhandlungen machen kann. So unsicher
sich Tacitus hie und da fült, so oft er auch die Meinungen m e r e r e r
Historiker anfürt; dort wo es sich um Senatsbeschlüsse, um Zuschriften
des Kaisers, ja um Senatsverhandlungen handelt, können wir bemerken,
dass er mit e i n e r, d u r c h k e i n e v o r s i c h t i g e o d e r z w e i-
f e l n d e B e m e r k u n g a b g e s c h w ä c h t e n S i c h e r h e i t a u f t r i t t.
Sollte das nicht ein weiterer und zwar der nicht am wenigsten
bedeutende Beleg sein für die Benützung einer Quelle, die ihn
u n m i t t e l b a r unterrichtet, und welche in diesem Falle nur sein
konnten acta senatus oder Auszüge derselben in den actis diurnis? —

[1) Vgl. Weidemann S. 11. ff.

Man wird mit Recht endlich vermuten dürfen, dass Tacitus auch die Geschichte der africanischen [1]) Kriege, und wie ich glauben darf, auch des gallischen Aufstandes den kaiserlichen Referaten verdankte. (vgl. Tac. III. 47. tum demum Tiberius ortum patratumque bellum senatus scripit.) —

Der unbezweifelten Meinung, dass Tacitus die „acta senatus" benutzt habe, steht freilich so manches entgegen. Abgesehen davon, dass bezweifelt wird, ob er die Erlaubnis zu deren Einsichtname erhalten habe, wird noch ein ganz anderer Umstand sich nicht so obenhin als geringfügig beseitigen lassen. So, wenn er erstlich der Verwendung der „acta senatus" für die Geschichte dieser Zeit nicht ausdrücklich gedenkt, [2]) ja, dass er sich wegen der Consularcomitien auf die Reden des Kaisers angewiesen sah (I. 81.) und dass er für den Brief des Chattenfürsten die „scriptores senatoresque" anführt, statt der acta (II. 88.) Die Emendationsversuche, welche hier vorgenommen wurden, haben, nebenbei bemerkt, eben als Conjecturen vielfach Widerspruch gefunden, und wird man schwerlich auf diese Weise die actis senatus oder senatoriisque actis, endgiltig an Stelle der senatoresque eorumdem temporum Adgaudestri bringen können. [3])

Auch das kann angeführt werden, dass er in einem Processe (VI. 7.) nicht Aufschluss fand über die Abkunft eines Mitschuldigen — kurz das sind Umstände, welche nicht so leicht abzuweisende Bedenken hervorrufen, und welche Nipperdey (Einl. XXII.) bewogen haben anzunemen, dass Tacitus wol die acta diurna aber nicht acta senatus verwendet habe.

Allein im Grunde genommen sind acta diurna ebensogut amtliche Originaldocumente wie acta senatus. Dass er nach Originalquellen gearbeitet, beweisen uns innere und äussere Momente, die wir zu beobachten Gelegenheit gehabt haben. Und wenn er Journalnotizchen, Merkwürdigkeiten anderen auszuschreiben überliess, ja wenn er auch die Prodigien nicht anführt, [1]) so ist das ein Vorgehen, welches bei Tacitus ganz begreiflich erscheint. Die verschiedenen Beweisgründe, die aus der Natur der Berichte, wie aus der Anschauung des Tacitus uns erwachsen sind, sprechen zu deutlich für seine Originalität, ob nun „acta senatus oder diurna" es waren, die er benutzen konnte.

---

[1]) Das vermutet auch Weidemann S. 20., allein er bezweifelt nicht mit Unrecht, dass Tacitus die Berichte, welche Tiberius über die anderen Provinzen (I. 52, II. 52), dem Senate zusandte, verwendet habe; für den gallischen Aufstand aber dürfte (IV. 47.) dasselbe gelten, wie für den Krieg in Africa, denn beide stehen im Zusammenhange mit den Verhandlungen im Senate.

[2]) Nur in der Geschichte Nero's gedenkt er derselben. XV. 74.

Oct. Clason, Tacitus und Sueton. S. 110 u. ff. widerspricht der Anname Weidemann's. Er gibt zwar zu, dass er sie später benützte, aber für die Geschichte Tibers wäre die Annahme nicht gerechtfertigt. — Wenn er meint, die Historiker vor Tacitus hätten dieselben benützt, so ist das eine ebenso willkürliche Annahme, und wird da wol viel weniger eine Erlanbniss zur Einsichtname gewält worden sein, als unter Trajan und Hadrian.

[3]) Vgl. Nipperdey. Anm. zu II. 88.

[4]) Nipperdey Einl. XXII. Wo er sie vom Jahre 51 an erwänt, folgt er eben einem anderen Annalisten.

Unter den gegenwärtigen Umständen weiterhin sich auszusprechen, hiesse nur das unfruchtbare Feld gewagter Vermutungen aufs neue betreten.—

Nun finden wir aber noch eine Reihe von Senatsverhandlungen, die sich freilich nicht durchaus folgen, bei denen jedoch ein ganz merkwürdiger Umstand zu Tage tritt. Tacitus zeichnet uns nämlich in denselben warhaft dramatische Scenen aus dem Senate; oft die besten Illustrationen zu dem Texte (III. 65), welcher der Corruption jener Tage gedenkt, die selbst die angesehensten im Senate angefressen, die besten Illustrationen zu den Worten Tibers: „o homines ad servitutem paratos". — An der Hand der Senatsberichte allein hätte Tacitus wol auch vermocht durch blosse Wiedergabe der Verhandlungen den herrschenden Geist zu zeichnen. — Aber wie gesagt, er gibt uns auch Stimmungsbilder aus einzelnen Sitzungen, deren Detailstriche unmöglich in den Protokollen gestanden haben konnten, Pikanterien, wie sie noch viel weniger das wolcensurirte Tagblatt hätte bringen können. — Wir erfaren so manches, was in der Brust des einen oder andern vorgegangen, wir werden bekannt mit der Stimmung, welche sich einzelner bemächtigte, ja sogar der Miene, welche Tiberius zeigte, wird gedacht. — Sollte am Ende dies auch in Protokollen gestanden haben? Es wird wol kein drastischeres Bild geben, als was uns z. B. Tacitus von jener Senatssitzung entwirft, in welcher über die Zuschrift des Kaisers, betreffend die Vergehen Agrippinas und Neros, verhandelt werden sollte (V. 1). Der Senat hört sie verlesen „magno „pavore et silentio", bis wenige dem Antrage des Cotta Messalinus beitreten. Andere, namentlich die Beamten zaudern, unter ihnen Junius Rusticus selbst („fatali quodam motu neque enim ante specimen „constantiae dederat.") Die Consulen vermögen nicht die Protokollirung des Beschlusses zu erlangen. — Um so weniger, als das Volk vor der Curie sich ansammelte, die Bildnisse Neros und der Agrippina herumtrug und drohte — so dass an jenem „traurigen" Tage kein Beschluss gefasst wurde. — Aenliches finden wir im Processe des „Piso (III. 12) orationem habuit (Tiberius) medidato temperamento"; auch da war das Volk vor der Curie versammelt. —

Wir können uns unterrichten von der Stimmung im Senate darüber, dass Tiberius den Drusus im Processe der Lepida von der Pflicht dispensirte seine Stimme zuerst abzugeben (III. 23) „quod alii „civile rebantur . . . . . quidam ad saevitiam trahebant." — Inmitten der Missgeschicke, welche angesehene Familien betrafen, wurde die Rückker des D. Silanus, eines Juniers, aus der Verbannung tröstlich empfunden (III. 24). Ein andermal als Tiberius den jugendlichen Nero dem Senate empfal und um Eximirung von der lex annalis für ihn ansuchte, da er sich um die Quaestur bewarb, wurde seine Rede „non „sine in risu audientium" aufgenommen (III. 29). Bald darauf heisst es: „auctum dehinc gaudium nuptiis Neronis et Juliae Drusi filiae. „Utque haec secundo rumore ita adversis animis acceptum „quod filio Claudii socer Seianus destinaretur." — In dem folgenden Jare berichtet uns Tacitus (III. 31) das gewiss im Grunde gleichgiltige:

„Domitius Corbulo habe über das unartige Benemen des L. Sulla „sich beklagt, und Drusus hätte endlich entschieden, wonach Corbulo „Satisfaction gewärt werden musste (ac forte parva res m a g n u m a d „c e r t a m e n progressa praebuit juveni materiem apiscendi favoris"). Dann weiter: Derselbe Corbulo beklagte sich über den schlechten Zustand der Landstrassen in Italien, worauf ihm die Aufsicht übertragen wurde; daran fügt Tacitus: „quod haud perinde publice usui „habitum quam exitionem multis quorum in pecuniam atque famam „damnationibus et hasta saeviebat." — Die Senatsverhandlung, welche sich mit dem Missbrauche der kaiserlichen Majestät beschäftigt, leitet Tacitus ein: „exim promptum quod multorum i n t i m i s questibus „tegebatur"; und die Abstimmung, welche darauf von Drusus eröffnet wurde, gereichte diesem zu grossem Lobe: „in l a u d e m Drusi t r a h e- „b a t u r : ab eo in urbe inter coetus et sermones hominum obversante „secreta patris mitigari. Neque luxus in juvene d i s p l i c e b a t" (III. 36, 37). Das gleiche gilt von der Stimmung in Rom zur Zeit des Legionenaufstandes, wie zur Zeit des Aufstandes in Gallien unter Sacrovir (III. 44) „optimus quisque maerebat m u l t i o d i o p r a e s e n t i u m „et cupidine mutationis suis quoquo periculis . . . . laetabantur „increpabantque Tiberium, quod in tanto discrimine, accusatorum „in sumeret operam." — Und von Tiberius: „tanto inpensius neque „loco neque v u l t u m u t a t o sed ut solitum, per illos dies, egit, alti- „tudine animi, an compererat modica esse et vulgatis leviora." Erst als der Aufstand bewältigt, referirt er an den Senat (III. 47). Und als darauf Tiberius für Sulpicius Quirinus eine öffentliche Leichenfeier vom Senat verlangte und seiner Verdienste gedachte, bemerkt Tacitus : „sed „ceteris haut laeta memoria Quirini erat" (III. 48). — Für Drusus verlangte Tiberius die tribunicia potestas; da heisst es: „praeceperant „animis orationem ejus patres quo quaesitior adulatio . . . . at Q. „Haterius d e r i d i c u l o fuit senex adulationis infamia usurus" (III. 56). — Mit welchem Unmute nam man dann des Thronfolgers Zuschrift auf: „Recitatae et Drusi epistolae quamquam ad m o d e s t i a m f l e x a e pro „superbissimis accipiuntur. Huc decidisse cuncta, soweit sei es gekom- „men, dass er, ein Jüngling, es nicht mer der Mühe wert finde, nach „der Anname seines Amtes die Stadt, den Senat, den väterlichen „Boden zu betreten." Alle die bitteren Bemerkungen, die man darüber machte, sie hat uns Tacitus erhalten. — Die Untersuchung der Ansprüche griechischer Tempel in Kleinasien auf alte Asylrechte überliessen die Senatoren den Consuln, ermüdet von der langwierigen Arbeit und weil zuviel Parteilichkeit sich zeigte (III. 60).

In dem Processe des J. Silanus gibt Tacitus von jedem der Ankläger M. Scaurus, Junius Otho und Bruttidius Niger, also Männern, die für die Reichsgeschichte doch gar wenig Bedeutung haben, eine Charakteristik, wie sie schärfer nicht sein kann. Die Rede Tibers aber, welcher Mässigung empfal, wurde, so heisst es, mit Freude begrüsst. „quanto rarior . . . popularitas tanto laetioribus animis accepta" (III. 69). — Wie in diesem Processe, so findet auch der Ankläger im folgenden Processe, Ant. Capito seine vernichtende Kritik. (III. 70). — Man muss aber bei all dem bemerken, dass Tacitus hier trotz der Digressionen genau dem Gange der Senatsverhandlungen wie sonst folgt, Gegenstand für Gegenstand wird erledigt und der Modus der Abstimmung angegeben. — Noch könnte man heranziehen die begeisterte Aufname, welche die Rede des jugendlichen Nero im Senate fand, als er namens der Kleinasiaten für die Bestrafung des Silanus dankte: „laetas inter audientium adfectiones, qui recenti „memoria Germanici illum aspici illum audiri rebantur" (IV. 15.)

In dem darauffolgenden Processe des Silius und Tit. Sabinus, einstigen Freunden des Germanicus, hören wir, dass die meisten glaubten, Silius habe am meisten desshalb Widerwillen erregt, weil er sich gerümt, dass wärend des Legionenaufstandes seine Soldaten allein ruhig gewesen seien. (IV. 18.) Und an die mässigende Rede des Lepidus knüpft er die Bemerkung: „hunc ego Lepidum temporibus „illis gravem et sapientem virum fuisse comperior." (IV. 18). In dem Processe des Severus sagt er von dem Angeklagten (IV. 21) „qui sordida „originis maleficae vitae", wie anderseits er bemerkt, dass die Begnadigung des C. Cominius mit geteilter Freude aufgenommen wurde, die Verurteilung des Suillius für den Augenblick „aspere „acceptum mox in laudem vertit regresso Suillio." (IV. 31.)

Mannigfache Beurteilung findet Tiberius; die Verteidigungsrede des Cremutius Cordus hört er an „truci vultu" (IV. 34) und das wird wol bemerkt. Seine Rede, in welcher er den Bau eines Tempels für ihn ablehnte, wird von den einen als Beweis seiner Bescheidenheit von den anderen als solcher für Verkommenheit aufgenommen. „Quod „alii modestiam multi ut degeneris animi interpretabantur." Dass Tacitus gerade das letztere noch des längeren ausfürt, zeigt wie ausfürlich man darüber in den Kreisen des Gewärsmannes besprach. Tacitus aber bezeugt, dass Tiberius auch im Privatgespräche sich dahin aussprach, dass er einen solchen Cult verachte. Dieselbe zweifelhafte Aufname fand der Umstand, dass er sich bei dem Volksauflaufe, welchen der Getreidemangel hervorgerufen, begnügte, die Haltung der Magistrate und des Senates dabei zu tadeln. „Allein silentium ejus non „civile ut crediderat sed in superbiam accipiebatur." (VI. 13).

Und was wieder den Senat selbst betrifft, wie getreu wird die Stimmung wiedergegeben, als ein Monstre-Process gegen eine Anzal von Senatoren angestrengt wurde (VI. 9): „contremuerantque patres („nam quotus quisque adfinitatis aut amicitiae tot inlustrium virorum „expers erat?) ni Celsus urbanae cohortis tribunus tum inter indices „Appium et Calvisium discrimini eximisset."

Im Anschlusse daran können Erwänung finden die Scenen, welche durch die Feindseligkeit der Consulen des Jares 31, Fulcinius Trio und Regulus hervorgerufen wurden. Die Senatoren baten, sie mögen ihren Streit nach Ablauf des Amtsjares austragen. (V. 11.) Die Angelegenheit hatte ihr Nachspiel im Jare 32. Wir hören nämlich, (VI. 2—8), wie lächerlich sich Togonius gemacht (per deridiculum auditur), mit welcher Freude der Senat die Bestrafung des Sext. Paconianus und Latinus Latiaris aufnam : „Accusatores juxta „invisi gratissimum spectaculum praebebantur." Hierauf fordert Q. Haterius die Consulen des vergangenen Jares auf ihre Differenzen auszutragen; er hetzte sie gegeneinander, und mit Erfolg, wenn nicht Sanguinius Maximus den Senat gebeten hätte, die Sorgen des Kaisers nicht durch gesuchte Bitterkeiten zu vermeren. — Q. Haterius Agrippa war aber verhasster „quia somno aut libidinosis „vigiliis inacidus inlustribus viris perniciem inter goneam et stupra „meditabatur"; ebenso wird Cotta Messalinus charakterisirt „qui nobilis „quidem sed egens ob luxum, per flagitia infamis." Die ganze Reihe dieser Verhandlungen schliesst Tacitus (bei der Gelegenheit als Cestius im Auftrage Tibers die Klage gegen Q. Servaeus und Minucius Thermus übernimmt) mit den Worten: „quod maxime „exitiabile tulere illa tempora, cum primores senatus infimas delationes „exercerent." —

An dieser Stelle ist es auch, wo er abermals sich gleichsam für seine Breite rechtfertigt: „neque sum ignarus a plerisque scriptoribus „ommissa multorum et poenas, dum copia fatiscunt, aut quae ipsis nimia „et maesta fuerant, ne pari taedio lecturos adficerent, verentur. Nobis „pleraque digna cognitu obvenere quamquam ab aliis incele- „brata." Er findet dies nötig, da er von einem der Angeklagten, Seius Quadratus, nichts weiter weiss als den Namen. „Originem non repperi" sagt er (VI. 7) und fügt dann die angefürte Entschuldigung hinzu. Die Männer waren eben herzlich unbedeutend und dürfte selbst das Senats-protokoll oder die städtische Zeitung nur ihrer Verurteilung gedacht haben. Stellt sich uns aber Tacitus nicht gerade hier wieder so recht in Gegensatz zu seinen Vorgängern, manifestirt sich nicht auch hierin das Bestreben den Geist jener Zeit in dem Charakter-bilde des einzelnen zur Darstellung gelangen zu lassen? Woher nam er das Materiale dazu? — Jene Silhouetten fand er doch nicht in den amtlichen Protokollen; wurde etwa auch hier die Miene des einzelnen verzeichnet, hier aufgenommen, was in der Seele einiger Mitglieder vorgieng? —

Die nächstliegende Annamе wäre wol, dass Tacitus es eben den Annalisten entnam; Wir haben ja auch bei Dio einige Bilder aus dem Senate, so u. a. bei der Katastrophe Seians, und jene Scene, in welcher der Senat beziehungsweise Togonius Gallus sich „lächer-lich" machte; und da die beiden hiefür in Betracht kommenden Historiker Servilius Nonianus, der unter Tiberius selbst Consul war (VI. 31) und Aufidius Bassus, der noch älter als Nonianus (Quint. V. 1. 153) den Persönlichkeiten und Ereignissen nahe gestanden hatten, so können wir uns die Herkunft der Dionischen Erzälung wol erklären. Dass Tacitus diese Werke kannte, ja auch hie und da benutzte, wurde oben erwiesen, zugleich aber auch dargetan, wie er dieselben verwendete; wiederholt hat er dieselben als ungenügend bezeichnet, und an nicht wenigen Stellen zeigte sich geradezu ein Widerspruch zwischen seiner und der Dionischen Geschichte. Sowie er die Senatsverhandlungen und Processe, wie nicht minder Reden und Briefe anderen Originalquellen entnam, musste er auch für die in Rede stehenden Bilder auf andere Gewärsmänner angewiesen gewesen sein.

Naheliegend wäre wol Memoiren von Zeitgenossen als Quelle dafür anzunemen, wie die Commentare der Agrippina oder des Tiberius; aber es ist schwer aus diesen vereinzelten Fällen, wo Mitglieder des kaiserlichen Hofes Commentare schreiben, auf Analogien aus senatorischen oder ritterlichen Kreisen zu schliessen, und hat eine solche Anname auch ihre, wenn auch schwache Ablehnung gefunden.[1] Dazu kommt, dass die eben besprochenen eigentümlichen Schilderungen durchwegs bei den Senatssitzungen uns begegnen; sie machten auf uns den Eindruck der lebendigsten persönlichen Teilname als an etwas Miterlebtem, Miterfarenem . . Ja dieselben erinnern unwillkürlich an änliche Mitteilungen aus dem Senate, wie wir sie in den Briefen Cicero's wiederfinden, wo er bald selbst berichtet, bald von andern benachrichtigt wird über die Vorgänge in der Curie; abgesehen von den pikanten und lebhaften Schilderungen, die er von Volksversammlungen und Gerichtsverhandlungen zu geben weiss (so ad Attic. V. 1). Wie scharf, ja bissig spricht er sich über einzelne aus; namentlich im Anschlusse an Abstimmungen?[2] Wie eingehend berichtet er über manche Senatssitzung,[3] wie stark oder schwach dieselbe besucht war,[4] was alles Gegenstand der Verhandlung war? Lebhaft schildert er den stürmischen Verlauf einiger Sitzungen,[5] gelegentlich gibt

---

[1] Weidemann Progr. Cleve. 1869. pg. 3.
[2] So ad Attic. I. 13, consul autem parvo animo et pravo tantum cavillator genere illo moroso quo etiam sine dicacitate videtur facie magis quam facetiis ridiculus nihil agens de republica. — I. 18 . . ceteros jam nosti qui ita sunt stulti ut amissa republica piscinas suas fore salvas sperare videantur. — Auch Cato, trotzdem er dessen Ehrenhaftigkeit rümt, kommt nicht besonders gut weg. — I. 19 über Consul Afranius: ita nihil est ut plana quid emerit nesciat. — Aenliches findet sich ad fam. X. 28, XII. 2. 4.
[3] Ad Attic. I. 13., worin er mitteilt: nicht er, sondern der Besieger der Allobroger (Piso) sei zuerst um seine Meinung gefragt worden: ad murmurante senatu me invito . . — I. 14. Cato's Einschreiten macht eine stärker besuchte Senatssitzung möglich, welche gegen Clodius entscheidet. Besonders eingehend ist der Bericht über die Sitzung am 1. October. II. 2. Ueber andere Sitzungen berichten die Briefe ad Quintum II. 1., II. 3., ad fam. IV. 5., V. 2., VIII. 2. 4. 8. 9., X. 16., XII. 25.
[4] Ad Quint II. 1. 8. 11. ad Attic. I. 14.
[5] Ad Attic. IV. 1. u. 2. Marcellinus spricht zuerst, Lucullus antwortet und Clodius wird nur durch das Geschrei der erbitterten Senatoren verhindert, die ganze Sitzung mit seiner Rede auszufüllen. Man stimmt mit Marcellinus, Serranus intercedirt, Cornicinus wirft sich vergebens auf die Knie, man gedachte des 1. Jänner — und so kam das S. C. zusammen. — Ad Quint II. 1. Lupus, der die Sache des camp. Grundbesitzes vertritt, wird angehört „magno silentio‟, nonnulli aculei in Caesarem. contumeliae in Gallium expostulationes cum absente Pompeio.‟ Clodius wird durch bissige Bemerkungen des Racilius gereizt, der Lärm und das Geschrei seiner Genossen nötigen endlich den Senat, unter Klagen, unverrichteter Dinge auseinanderzugehen. — Ad Quint. II. 3. In der Sitzung vom 8. Februar kommt es zum Wortgefecht zwischen Pompeius und Cato: auditus est magno silentio

4

er die Stimmung wieder, welche sich des einen oder des anderen bemächtigte, wie nicht minder den Beifall, welchen mancher Antrag [1] fand.
Und vollends werden wir an Tacitus erinnert, wenn Cicero das
Entzücken schildert, welches ihn ergreift, wenn von der Würde des
Senats die Rede ist. [2] — Mermals endlich fürt er wörtlich die
senatus consulta an, welche von besonderem Interesse für ihn und
seine Freunde waren.

Diese Tatsachen, wie nicht minder der Umstand, dass Cicero
es nötig findet, einmal seine Haltung im Senate Metellus gegenüber,
der davon brieflich unterrichtet worden war, [3] zu rechtfertigen,
bezeugen die Lebhaftigkeit des brieflichen Verkers in senatorischen
Kreisen, gerade bezugs der Senatsverhandlungen. Und es ist nicht
wenig bezeichnend, dass Coelius einmal, nachdem er die Stellung der
Parteien im Senate genügend charakterisirt hat, nur bezüglich der
Abstimmungen Cicero auf den commentarius rerum urbanorum, also
auf die Zeitung verweist, [3] welche ihm auch andere unbedeutende
Nenigkeiten bieten würden. [1] Dass diese Verhältnisse am Ende des
I. und Anfange des II. Jarhunderts sich nicht geändert haben, lehren
uns die Briefe des Plinius. [5]

Die Aenlichkeit dieser Schilderungen mit den detaillirten Senats-
geschichten bei Tacitus ist eine so augenfällige, dass in uns sich die
Ueberzeugung aufdrängen muss, dass wir gerade die letzteren ebenfalls Briefen zeitgenössischer Senatoren verdanken, welchen sie

---

malevolorum respondit vehementer Pompeius, Crassum descripsit. Ad Quint.
II. 5: da geht es stürmisch zu wie in einer Volksversammlung: „eodem die actum
„de agro Campano clamore senatus prope concionali."
[1]) Ad Attic. IV., 1. consulares duce Favonio fremuerunt nos — tacemus. —
Ad Quint. II. 8. Id. Majis senatus frequens divinus fuit in supplicatione Gabrino
deneganda. II. 9. „S. C. de ambitu in Afranii sententiam" wird aufgenommen, magno
cum genitu senatus. Eo die Catonem plane repudiarunt. — Ad fam. VIII. 2. 4. 8.
Der Brief ad fam. VIII. 3 tadelt die Bequemlichkeit der Senatoren, oder deren
Furcht, da sie sich nicht einmal da zalreich einfanden, als es sich um die Ver-
teilung der Provinzen handelte; die Angelegenheit wird auf den 1. März verschoben:
contristavit haec sententia Balbum Cornelium et scio enim questum esse cum
Scipione; ad fam. X. 12 schreibt Cicero dem Plancus über den ausserordentlich
günstigen Eindruck, welchen dessen Schreiben im Senate hervorgebracht habe;
eben so X. 16, die Debatten, welche sich bei der Verlesung des zweiten Briefes
entspannen. In XII. 25. teilt er dem Comificius mit, dass er (Cicero) an den
Quinquatren glücklich gesprochen: magna senatus approbatis consecuta est cum
summo odio et offensione Minotauri (Spottname) id est Calvisii et Tauri: factum
de te senatusque consultum honorificum.
   [2]) So ad Attic. I. 14. Cicero ist entzückt von der Rede des Pompeius über
die Würde des Senats. — Ad fam. IV. 4. Der gesammte Senat trat ein für Marcellus,
als dieser Caesar sich zu Füssen geworfen hatte: noli quaerere ita mihi pulcher hic
dies visus est ut speciem aliquam viderer videre quasi reviviscentis reipublicae.
   [3]) Ad fam. V. 2. Cicero teilt dem Metellus mit, dass der Heiterkeits-
ausbruch im Senate, als er (Cicero) über Metellus gesprochen, nicht diesem, sondern ihm selbst gegolten habe.
   [1]) Fam. VIII. 11. Quam quisque sententiam dixerit in commentario est rerum
urbanarum; ex quo tu, quae digna sunt delige; multa transi. — In primis ludorum
explosiones et fanerum et ineptiarum ceterarum plura habet futilia. —
   [5]) Vgl. oben Anm. Seite 41

Tacitus entnommen hat; ob nun dieselben in der (oben S. 39) erwänten Sammlung enthalten waren oder nicht, ist von geringerem Belange als der Umstand, von wem oder an wen diese Briefe gerichtet gewesen sein mochten. Im Augenblicke diese Frage mit befriedigender Sicherheit beantworten zu können, ist geradezu unmöglich. Das eine aber wird sich auf alle Fälle feststellen lassen, welchem Kreise die Urheber oder Empfänger der Briefe (sei es der Commentare), angehörten; und das ist für die Beurteilung unseres Historikers von Bedeutung.

Welcher von den Senatoren es nun sein mochte, das eine werden wir erkennen, dass er dem Hofe, ja dem Kaiser selbst nicht ferne gestanden, so wenn wir hören: „Tiberius saepe apud se „pensitato" (III. 52), „silentium non civile, ut crediderat, accipiebatur." (VI. 13), „respondendum ratus iis quorum rumore arguebatur" (IV. 37).

Wir empfangen ferner den Eindruck, dass er Drusus trotz seiner Schwächen achtet, jedenfalls aber Germanicus hochschätzt und mit Vorliebe die Aeusserungen der Zuneigung des Senats zu dessen Familie registrirt und die Freunde des verstorbenen Prinzen speciell als solche bezeichnet. Einer der Freunde des Germanicus ist es sogar, der einmal einen höchst unbedeutenden, nebensächlichen Antrag stellte, der angenommen wurde. Tacitus macht uns mit seinem Namen, trotz der Geringfügigkeit des gestellten Amendements bekannt, es ist Vibius Marsus. Er war nur in den Jaren 28, 29, 30, 31 von Rom abwesend, konnte also den Sitzungen vor und nach diesen Jaren beiwonen, und wärend seiner Abwesenheit sich brieflich von den Vorgängen im Senate unterrichten lassen. Es ist derselbe, der mit Domitius und Arruntius zugleich in den Process der Albucilla verwickelt ist; das Interesse, welches man bei Tacitus für Arruntius bemerkt, ist so auffällig, [1]) dass man es nur auf Rechnung der Intimität mit Vibius Marsus setzen kann. — Könnte nicht auch auf diesen deshalb die spöttelnde Bemerkung über Domitius Corbulo zurückzufüren sein, deren wir oben (S. 47) gedachten? War es doch wieder ein Verwanter des Arruntius, L. Sulla, über dessen Unart Corbulo im Senate sich beklagte, und worüber sich sogar eine lebhafte Debatte entspann. Fast ironisch wird bemerkt, dass die „parva res" zu einem „magnum certamen" fürte; auch die Strenge, mit welcher Domitius sein Amt als Strassenaufseher verwaltete, wird mit ziemlicher Bitterkeit beurteilt (III. 31).

Uebrigens gehört L. Arruntius zu den hervorragendsten Senatoren unter Tiberius; Tacitus stellt ihn wenigstens hoch, und nennt ihn unter denjenigen, welche Augustus als mögliche Kronpraetendenten bezeichnet haben soll: „L. Arruntium non indignum et si „casus daretur ausurum" (I. 13). Bemerkenswert ist wieder dabei, dass nur Tacitus ihn als solchen anfürt, denn er bemerkt: pro Arruntio quidam Cn. Pisonem tradidere. Ein Beweis, dass Tacitus

---

[1]) Weidemann (Progr. 1869. S. 6 und Progr. 1873 S. 9 u. ff.) findet dies ebenfalls wie die charakteristische Vorliebe für Germanicus auffällig.

von einem Gewärsmanne beeinflusst sein musste, welcher Arruntius nahegestanden hat.

Doch will ich mich begnügen, überhaupt auf alle diese charakteristischen Momente hingewiesen zu haben. Vorderhand gilt uns das festzuhalten. Was soll die Nennung eines neuen Namens im Augenblicke mer Frucht tragen? Es genügt gegenwärtig, ehe wir uns den beiden anderen Erzälungskreisen zuwenden, dargelegt zu haben, dass Tacitus sich nicht mit den Annalisten begnügen konnte, dass er selbst Einsicht in die Senatsberichte nam, ob sie nun den von ihm niemals erwänten acta senatus, oder den merfach angefürten actis diurnis Urbis entlehnt sind; dass er endlich nicht blos Memoiren, sondern, was uns warscheinlicher geworden, Briefe zeitgenössischer Senatoren verwendete, wie er denn selbst von scriptores senatoresque eorundem temporum spricht. [1])

Dass Tacitus sich darauf angewiesen sah, wird uns klar genug sein, wenn wir uns nochmals der Motive erinnern, welche ihn bewogen, seine ganze Aufmerksamkeit dem Senate zu schenken, wenn wir anderseits nicht verkennen wollen die Bedeutung des Charakters des einzelnen Senators oder Ritters für die Gesammtheit der Körperschaft, in welcher es den wenigen „honesti" nicht mer möglich war, gegen ihre herabgekommenen oder mit der neuen Ordnung gar zu leicht versönten Collegen siegreich durchzudringen.

[1]) Das Hendiadyoin, welches man hier tilgen zu müssen glaubte, ist damit sachlich gerechtfertigt. — Weidemann gedenkt im Progr. 1869, S. 6 der Emendationsversuche Grimm's und Geo Bezzenberger's an dieser Stelle: „Reperio apud „scriptores senatoresque eorundem temporum Adgandestrii principis Chattorum „lectas in senatu litteras", sollte, um dem deutschen Namen gerecht zu werden, nach deren Conjectur lauten: „Apud scriptores senatusque eorundem temporum actis „Gandestrii." — Nipperdey weist dies mit dem Hinweis auf „eorundem „temporum" als ganz und gar unstatthaft zurück. (Vgl. Nipperdey. Anm. zu II. 88 und Einl. S. XX).

III.

Geschichten vom Hofe des Kaisers Tiberius.

Es berührt eigentümlich, wenn man die Beobachtung macht,
dass gerade in Bezug auf die persönlichen und familiären Verhältnisse Tibers die römischen Schriftsteller, mit einer einzigen Ausname
sich nichts weniger als Mässigung auferlegen. Nirgends tritt das
Gehässige des wilden Familienstreites mer zu Tage als gerade hier,
und zu dem noch nicht ganz erloschenen Kampfe zwischen alter und
neuer Ordnung gesellen sich die hartnäckigsten Eifersüchteleien der
ersten Familien des Staates. Von diesen Momenten sind die Schriftsteller der Zeit beeinflusst, so zwar, dass wir die unbefangenere
Würdigung der Verdienste der kaiserlichen Regierung auf dem Gebiete der Verwaltung Nichtrömern verdanken, die, freilich eben
interesselos dem Getriebe der herrschenden Familien zusehend, die
Früchte der stramm aufrecht erhaltenen neuen Ordnung genossen
und würdigten. Wie schwierig sich die Aufgabe für den möglichst
unparteiischen Historiker unter solchen Umständen, bei solchen
Traditionen gestaltete, ist begreiflich und können wir an der Lösung
der Aufgabe, wie sie Tacitus versuchte, uns noch von seinen Be-
mühungen überzeugen. —

Von den der Regierungszeit Tibers zunächst stehenden Schrift- 1.
stellern sind uns nur des einen, Vellejus Paterculus' historiae
Romanae erhalten, die kurz vor Seians Sturz vollendet worden sein
mögen. — Es handelt sich im Augenblicke nicht darum den Wert
seiner Mitteilungen zu prüfen, sondern die etwaigen auf den Hof
bezüglichen Nachrichten kennen zu lernen. Er hat nur eine, aber
nicht unbedeutende Bemerkung uns hinterlassen (II. 130): „Quantis
„hoc triennium (M. Vinici!) doloribus laceravit animum ejus (Tib.)
„quam diu abstruso, quod miserrimum est, pectus ejus flagravit
„incendio? Quod ex nuru, quod ex nepote dolore indignari
„erubescere coactus est? Cujus temporis aegritudinem auxit amissa
„mater eminentissima." —
Wir erkennen, dass damals bereits der Familienzwist heftiger
geworden und der Conflict mit Agrippina und Nero sich gesteigert
hatte, aber die Katastrophe noch nicht eingetreten war, deren Beginn
uns in dem ersten Bruchstücke des V. Buches von Tacitus angedeutet

wird, und zwar in den Beschuldigungen, welche zunächst Neros sinnliche Ausschweifungen betrafen (V. 2). Zuletzt wird dann erwänt der Tod der Livia, welcher nach Tac. V. 1 in das Jar 29 n. Chr. fällt. - Rechnen wir das von Vellejus angegebene Triennium zurück, so kommen wir auf jene Scenen, welche sich zwischen Tiberius und Agrippina abspielten, und die auch Tacitus unter den Ereignissen des Jares 26 n. Chr. anfürt. —

Die Mitteilungen der übrigen römischen Historiker des I. und II. Jarhunderts n. Chr., soweit sie Tiberius' Regierung betreffen, müssen wir eben in Tacitus', Suetons und Cassius Dio's Geschichtswerken wiederfinden.

Von den Nichtrömern sind, als der Regierungszeit Tibers zunächst stehend, anzufüren Philo, der jüdische Philosoph, aus dessen historisch-politischen Schriften viel über die glückliche Reichsverwaltung unter Tiberius, wenig über die Verhältnisse am Hofe zu entnemen ist.

So berichtet er aus den letzten Tagen des Kaisers, dass nur Macro denselben abzuhalten vermocht habe, dass er nicht etwa Gajus von der Nachfolge in der Regierung ausschloss (In Flacc. 967, leg. ad Gaj. 995, 997), ein Umstand, dessen auch Josephus Flavius, der andere Nichtrömer, gedenkt.

Josephus bietet uns schon mer und dazu höchst schätzenswerte Nachrichten vom kaiserlichen Hofe. — Hervorzuheben ist dabei, dass er, was die römischen Schriftsteller nicht besonders betonen, uns bekannt macht mit dem innigen freundschaftlichen Verhältnisse und dem guten Einvernemen, das zwischen Tiberius und seiner Schwägerin Antonia, der Mutter des Germanicus bestand.[1]) Den Nutzen dieser freundlichen Beziehungen hatte der jüdische Prinz Agrippa des öfteren Gelegenheit zu erproben, und zwar nicht blos in Geldverlegenheiten.

Wir können Josephus um so eher Glauben schenken, als seine Beziehungen zu den Angesehenen seiner Nation, wie anderseits zu dem kaiserlich flavischen Hofe die Beschaffung verlässlicher Nachrichten ermöglichten.[2]) —

Es ist merkwürdig, mit welcher Sicherheit und Bestimmtheit er uns so manche Details überliefert. Abgesehen davon, dass eine eben nicht ehrerbietige Aeusserung Agrippas, Gajus gegenüber, ihm fast das Leben gekostet hätte, wenn nicht Antonia für ihn eingetreten wäre, abgesehen ferner von jener oben erwänten einzig dastehenden Nachricht, dass Tiberius nur durch Antonia von Seians hochverräterischen Plänen rechtzeitig benachrichtigt wurde, bietet er uns auch andere, die Verhältnisse am Hofe kennzeichnende Momente. — So teilt er uns mit die Besorgnis, welche Tiberius für seinen Enkel von Drusus, Tiberius Gemellus, dem Gajus gegenüber hegte. Dass er

---

[1]) Jos. Antiqu. J. XVIII. 6. 1. — 6. 6. Wir lesen, dass sie es war, welche den Kaiser von den hochverräterischen Absichten Seians unterrichtete u. z. in einem Schreiben, das ihr verlässlicher Lieblingssklave Pallas ihm überbrachte.

[2]) Jos. Vita 3. Antiqu. J. XVIII. 5. 3. 4.

schwankend in seinem Entschlusse, wem er die Nachfolgerschaft in der Regierung bestimmen, von den Göttern ein Zeichen begerte; [1]) wie er erschrak als dasselbe den Gajus bezeichnete,[2]) wie er diesen unter Thränen um das Versprechen bat, den jungen Tiberius sich selbst als Freund und Stütze zu erhalten. Wenn endlich auch die Prophezeiung von Galba's künftiger Würde [3]) in gleicher Weise wie von Dio und Tacitus berichtet,[4]) weniger Originalität verraten könnte, so sind die vorher angeführten Nachrichten doch original und gestatten den Schluss auf warheitsgetreue Ueberlieferung.

Das sind also die Notizen, welche den kaiserlichen Hof betreffend bei den Nichtrömern sich erhalten haben. —

Von den römischen Historikern könnte etwa Plinius zuerst ge- 2. nannt werden, der in seiner „historia naturalis" manches auf den nüchternen Charakter und die einfache Lebensweise des Kaisers Bezügliche überliefert; allein für unseren augenblicklichen Zweck kann es nicht in Betracht kommen, da er über die Verhältnisse des kaiserlichen Hauses nichts bietet. —

Von den bisher angeführten Ueberlieferungen unabhängig erscheinen die bei Tacitus, Sueton und Cassius Dio erhaltenen.— Auch hier soll dessen zuerst gedacht werden, was Tacitus mit den beiden anderen gemeinsam berürt:

Dio LVI. 30: ὁδόν .Ἥγονοτος νοσήσας
ηγτήλλαξε, καίτοι ὑποψίαν τοῦ θανάτου·
αὐτοῦ ἡ Λιουία ἔλαβεν, ἐπειδὴ πρὸς τὸν
Ἀγρίππαν κρύφα ἐς τὴν νῆσον διέπλευσε
καὶ ἐδόκει οἱ καὶ πᾶσι πάντα καταλλα-
γήσεσθαι.

Tac. I. 5. haec atque talia agitantibus gravescere valetudo Augusti et quidam scelus uxoris suspectabant, quipe rumor incesserat, paucos ante menses Augustum comite uno Planasiam rectum ad visendum Agrippam spemque ex eo fore, ut juvenis penatibus avi redderetur.

Wärend Dio die Vergiftungsgeschichte (mit der Feige) erzält, sagt wieder Tacitus, dass, als Maximus, der Begleiter Augustus auf jener Fart, bald darauf starb, seine Witwe sich anklagte, dass sie ihres Mannes Tod herbeigefürt, weil sie Livia von dieser Reise in Kenntnis gesetzt hätte.

Nun schliesst aber Dio (LVI. 31) folgendermassen: Augustus' Tod wurde nicht gleich bekannt, ἡ γὰρ Λιουία. φοβηθεῖσα μὴ τοῦ Τιβερίου ἐν τῇ Δαλματίᾳ ἔτ' ὄντος νεωτερισθῇ τι συνέκρυψεν αὐτὸν μέχρις οὗ ἐκεῖνος ἀφίκετο. ταῦτα γὰρ οὕτω τοῖς τε πλείοσι καὶ ἀξιοπιστοτάτοις γέγραπται. εἰσὶ γάρ τινες οἳ καὶ παραγενέσθαι τὸν Τιβέριον τῇ νόσῳ αὐτοῦ καὶ ἐπισκήψεις τινὰς παρ' αὐτοῦ λαβεῖν ἔφασαν. —

---

[1]) Jos. Antiqu. XVIII. 6. 7—9. Ὁ δὲ Τιβέριος .... εὔχεται τοῖς πατρίοις θεοῖς σημεῖόν τι πρόφανον αὐτῷ δεῖξαι περὶ τοῦ τὴν ἡγεμονίαν διαδεξαμένον. —

[2]) Das Zeichen bestand darin, dass derjenige sein Nachfolger werde, welcher am nächsten Morgen zuerst zu ihm ins Zimmer trete.

[3]) Jos. A. a. O.

[4]) Sueton (Galba 4.) legt die Prophezeiung dem Augustus in den Mund.

Wer sind nun die weniger glaubwürdigen? — Vellejus und der Autor, den Sueton benützte. Vell. (II. 123) erzält: Als Augustus in Nola erkrankte, liess er Tiberius zurückrufen. Wie nun dieser angekommen war, starb er „securum se Augustus praedicans „circumfususque amplexibus Tiberii sui commendans illi sua atque „ipsius opera.... animam coelo reddidit." Sueton (Octav. 99) berichtet: „sed in redeundo aggravata valetudine tandem Nolae succubuit, „.revocatumque ex itinere Tiberium diu secreto sermone detinuit „neque post ulli majori negotio animum accomodavit." — Wo finden wir nun die Angabe, welche den ἀξιοπιοτέροις entnommen ist? — Bei Tac. I. 5 hören wir: Tiberius wird durch Briefe der Mutter herbeigerufen, dann: „neque satis compertum est spirantem adhuc „Augustum apud urbem Nolam an exanimem reppererit", denn, fügt er hinzu, mit strengen Wachen liess Livia das Haus umgeben und die Zugänge und Wege absperren. — Wir ersehen daraus, dass Tacitus beide Versionen kannte, sich aber für keine entscheiden kann; allein wenn wir auch noch die Uebereinstimmung mit Dio in Rechnung ziehen, müssen wir annemen, dass Tacitus hier demselben glaubwürdigen Autor sich anschloss, den auch Dio benutzte, aus welchem beide das für sie passende geschöpft. Tacitus spricht ja auch von dem Verdachte des Giftmordes, den einige (quidam) aussprechen; allein wie fern er davon ist, es zu glauben, beweist, dass er die Vergiftungsgeschichte, die uns Dio erzält, verschweigt. —

Eine änliche Beobachtung gestattet uns der Vergleich der Nachrichten der genannten Schriftsteller bei einer anderen Gelegenheit.

Dio sagt nämlich, Tiberius habe mit der Anname der Kaiserwürde gezögert, weil die romanischen und germanischen Legionen unzuverlässig schienen:

Dio LVII. 3. καὶ τὸν Γερμανικὸν τῆς τε Γερμανίας ἄρχοντα καὶ φιλούμενον ὑπ' αὐτῶν ἐδεδίει.

Tac. I. 7. nusquam cunctab*undus nisi cum in senatu loqueretur. Causa praecipue ex formidine ne Germanicus in cujus manus tot legiones .... mirus apud populum favor.

Dio a. a. O. καὶ πολλάκις γε διὰ τοῦτο καὶ ἀῤῥωστεῖν πρὸς ἐποιεῖτο καὶ οἴκοι κατέμενεν.....

(Suet. Tib. 25.) simulavit et valetudinem quo aequiore animo Germanicus successionem vel certe societatem principatus opperiretur.

Dio a. a. O. ἤδη μὲν γὰρ ἔκουσα ὅτι, ἐπειδὴ ἡ Λιουία ἄκοντος τοῦ Αὐγούστου τὴν ἀρχὴν αὐτῷ περιπεποιηκέναι ἐλέγετο ἐλάττειν, ὅπως μὴ παρ' ἐκείνης (καὶ γὰρ πάνυ αὐτῇ ἤχθετο) ἀλλὰ παρὰ τῆς βουλῆς ἀναγκαστός, ὡς καὶ κατ' ἀρετὴν σφῶν προήκων, δόξειεν αὐτὸν εἰληφέναι....

Tac. I. 7. Dabat et famae, ut vocatus electusque potius e republica videretur, quam per uxorium ambitum et senili adoptione inrepsisse.

Man sieht, wie die Nachrichten sich gleichen. Bemerkenswerter, dass auch Tacitus, wie wir oben sahen, überhaupt mit Dio Cassius übereinstimmt. Eine gleiche Uebereinstimmung wird noch auffälliger an Stellen, wo es sich um das Verhältnis des Kaisers zu seiner Mutter handelt.

Dio LVII. 12. *ἐπί τε γὰρ τοῦ Ἀί-γνοτον μέγιστον ἠδυνήθη καὶ τὸν Τιβέριον αὐτῇ αὐτοκράτορα πεποιηκέναι ἔλεγε. καὶ διὰ τοῦτο οὐχ ὅσον ἐξ ἴσου οἱ ἄρχειν, ἀλλὰ καὶ πρεσβεύειν αὐτοῦ ἤθελεν. καὶ πολλοὶ μὲν μητέρα αὐτὴν τῆς πατρίδος, πολλοὶ δὲ καὶ γονέα προσαγορεύεσθαι γνώμην ἔδωκαν.. αγανακτῶν οὖν ἐπὶ τούτους οὔτε τὰ ψηφιζόμενα αὐτῇ πλὴν ἐλαχίστων ἐπεκύρου οὔτ' ἄλλοτε ὑπέρογκον ποιεῖν ἐπίτρεπεν. —*

Sueton (Tib. 50.) Tulit etiam perindigne actum a senatu, ut titulis suis quasi Augusti ita et Liviae filius adiiceretur ... Quare non parentem patriae appellari, non ullum insignem honorem recipere publice passus est. Sed et frequenter admonuit majoribus, nec feminae convenientibus negotiis abstineret.

Dass Dio hier nicht etwa Sueton benutzt habe, erhellt aus dem unmittelbar darauffolgenden. Bei Sueton (Tib. 51) wird in Folge der Missachtung einer Bitte der Mutter das Verhältnis immer gespannter; vorher wird noch gesagt, dass Tiberius es derselben verübelte, dass sie beim Brande am Vestatempel erschienen war. Bei Dio aber verbietet ihr Tiberius ein Gastmal den Senatoren und Rittern zu geben. — Wie nun Tacitus? Er fürt den Antrag, der im Senate eingebracht wurde, an der Stelle an, wo er über die Verhandlung selbst berichtet, I. 14. — Der übrigen Umstände gedenkt er aber erst als es sich um Tibers Abreise handelt und um die dabei geltend gemachten Motive; — auch dies leitet er, wie wir es überall sehen, wo er auf Annalisten angewiesen ist, mit „traditur etiam" ein. — Tac. IV. 57: „traditur „etiam matris impotentiae extrusum, quam dominationis sociam asper-„nabatur neque depellere poterat, cum dominationem ipsam donum ejus accepisset. Das ist es aber, was Sueton dort, wo er eben braucht (Tib. 51), anfürt.

Die Erzälungen Suetons harmoniren erst mit den Darstellungen in Tacitus' IV. Buche, wo die Begegnung Agrippinas mit Tiberius Erwänung geschieht (im Jare 26), mit welchem Ereignisse die endliche Katastrophe sich einleitet.

Tacitus erzält nemlich (IV. 52.): Als Agrippina sich ihrer angeklagten Freundin bei Tiberius, den sie eben beim Opfer traf, annam, und in der heftigsten Weise sich beklagte, da öffnet sich der schweigsame Mund; er nimmt sie bei der Hand, und ermant sie in griechischer Sprache: „non ideo laedi, quia non regnaret." — Der andere Auftritt (Tac. IV. 54.) ist für Tiberius geradezu beleidigend. Agrippina wies, als ihr Tiberius an der Tafel einen Apfel bot, denselben zurück, berürte auch keine Speise, als wäre es auf ihre Vergiftung abgesehen. „Nec tamen Tiberii vox coram secuta sed „obversa ad matrem, non mirum, ait si severius in eam statuisset, „a qua veneficii insimularetur." — Sueton erzält nun folgendermassen:

(Tib. 53.) „num Agrippinam liberius quiddam questam manu
„apprehendit graecoque versu: „„Si non dominaris filiola injuriam
„accipere existimas.““ — nec ullo mox sermone dignatus est. Quondam
„vero inter coenam porrecta a se poma gustare non ausam, etiam
„vocare desiit, simulans, veneni se crimine arcessitum [cum prae-
„structum utrumque consulto esset, ut et ipse tentandi gratia offerret,
„et illa quasi certissimum exitium caveret].“ Wenn nun auch Tacitus
die beiden Vorfälle höchst eingehend schildert, indess Sueton sich
kürzer fasst, und dafür die Worte des Kaisers in directer Rede
wiedergibt, so tragen doch beide Darstellungen den Stempel der
gemeinsamen Quelle. —

Allein zwischen diese beiden Vorfälle schob Tacitus (IV. 53.)
noch eine dritte Begegnung ein, bei welcher Agrippina den Tiberius
bittet, ihr einen Mann zum Gemal zu bestimmen, worauf der Kaiser
wieder schweigend sich entfernt. — Wir kommen darauf noch zurück.

Gehen wir den Schicksalen Agrippinas und ihrer Kinder nach,
so weit sie uns bei Tacitus überliefert sind, so finden wir sie
immer in Verbindung mit der Abreise des Kaisers gebracht, und
was noch bemerkenswerter ist, wir finden die Unglücklichen als
Opfer der Intriguen Seians hingestellt. So (c. 59), nach der Erzälung
von dem Unfalle in der Höle, wo Seian durch seinen Körper den
Kaiser vor der einstürzenden Decke bewart: „major ex eo, et quam-
„quam exitiosa. suaderet ut non sui anxius, cum fide audiebatur,
„ad simulabatque judicis partes adversum Germanici stirpem.“ Und
weiter (auf Capreae): „manebant quippe suspicionum et credendi
„temeritas, quam Seianus augere .... non jam occultis
„adversum Agrippinam et Neronem insidiis.“ (c. 67.) —

Tacitus sowol wie Sueton erzälen, dass Agrippina und Nero
vorgeworfen wurde, bald dass sie die Bildsäule des Augustus gleichsam Hilfe flehend umfiengen, bald dass sie zum Heere nach Deutschland zu fliehen gedächten.

Tac. IV. 67. profugere ad	Suet. (Tib. 53.) Novissime
Germaniae exercitus vel cele-	calumniatus modo ad sta-
berrimo fori effigiem divi	tuam Augusti modo ad exer-
Augusti amplecti populumque	citus confugere velle.
ac senatum auxilio vocare.	

Beider Angaben unterscheiden sich jedoch darin, dass Sueton
sagt, Tiberius habe dieselben fälschlich beschuldigt, wärend Tacitus
angibt, dass Seian Leute aufgestellt habe, welche nicht nur das Tun
und Lassen der genannten überwachen, sondern zu den angefürten
Handlungen verleiten sollten (etruebantur qui monerent), und er
schliesst dann: „Eaque spreta ab illis, velut pararent obiciebantur.“
— Auch hier wird also Seian wieder belastet.

Vom Ende der Agrippina berichten beide wieder gleichlautend,
ebenso wie von Drusus Hungertode.

Tac. VI. 23. Drusus deinde extinguitur cum se miserandis alimentis, mandendo e cubili tomento nonum ad diem detinuisset. —

Suet. Tib. 54. Druso autem adeo alimenta subducta, ut tomentum e culcita tentaverit mandere.

Was Agrippina betrifft, so gibt Tac. (VI. 25) gegen Sueton der Meinung Raum, als seien ihr die Speisen entzogen worden; wärend nach Sueton trotz aller Gewaltmittel, die man anwendete, Agrippina sich selbst zu Tode hungerte. Beide stimmen aber wieder vollkommen überein in der Wiedergabe der Aeusserungen Tibers nach ihrem Tode:

Tac. VI. 25. Enim vero Tiberius foedissimis criminationibus exarsit, impudicitiam arguens. ... memoriaeque id prodendum addidit Caesar, jactavitque quod non laqueo strangulata neque in Gemonias proiecta foret. Actae ob id grates decretumque, ut ... utriusque necis die, per omnes annos donum Jovi sacraretur.

Suet. Tib. 53 ... ita absumptam criminosissime insectatus est, eum .. diem natalem inter nefastos referendum suasisset.

Imputavit etiam quod non laqueo strangulatam in Gemonias abjecerit: proque tali dementia interponi decretum passus est, quo sibi gratiae agerentur, et Capitolino Jovi donum ex auro sacraretur.

Die grosse Uebereinstimmung nimmt uns hier um so weniger wunder, als Tacitus dort, wo er (IV. 53) die Geschichte der zweiten, beziehungsweise der dritten Begegnung Agrippinas mit Tiberius, aus den Memoiren des jüngeren Agrippina einschiebt, durch die Worte „id (d. h. diese dritte Begebenheit) a scriptoribus annalium „non traditum" deutlich genug zu verstehen gibt, dass er die beiden anderen denselben entnommen. Wir aber erkennen, dass es wieder dieselben sind, die auch Sueton gebraucht haben mag.

Es ist hier offenbar derselbe Autor, den mit Sueton auch Dio gemeinsam hat. Beide jedoch gleichen sich in charakteristischem Gegensatze zu Tacitus, dass sie alle Schuld auf den Kaiser schieben, und Seian nur als dessen Werkzeug hinstellen.

C. Dio LVIII. 22. ὡμλίσκαιεν (Τιβ.), ἐπὶ δὲ δὴ τῷ τε τοῦ Δρούσου καὶ τῷ τῆς Ἀγριππίνης θανάτῳ ὠμότητα, δοκοῦντες γὰρ οἱ ἄνθρωποι ὑπὸ τοῦ Σηϊανοῦ πάντα τὰ κατ' αὐτοὺς πρότερον γενόμενα .. ὡς καὶ ἐκείνους πεφονεῦσθαι ἔμαθον, ὑπεριήγχσαν διά τε τοῦτο καὶ ὅτι καὶ τὰ ὀστᾶ οὐ μόνον ... ἀλλὰ καὶ κρυφθῆναί πον κατὰ τῆς γῆς ἐκέλευσεν ὥστε μηδέποτε εὑρεθῆναι.

Suet. (Tib. 56.) quem provexerat ut esset, cuius ministerio ac fraudibus liberos Germanici circumveniret.

(Tib. 61.) quo maxime apparuit non tam ipsum a Seiano concitari solitum, quam Seianum quaerenti occasiones subministrasse.—

(Tib. 54.) amborum sic reliquias dispersas ut vix quandoque colligi possent.

Dazu kommt noch anzuführen: „Et commentario, quem de vita „sua . . . . conposuit (sc. Tiberius) ausus est scribere: Seianum se „punisse, quod comperisset, furere adversus liberos Germanici filii „sui: quorum ipse alterum, suspecto jam, alterum oppresso demum „Seiano, interemit.“ (Suet. Tib. 61.) — Wie nun bei Tacitus? Obwol er die angefürten Tatsachen fast gleichlautend mit Sueton und C. Dio erzält, fällt bei ihm, im Gegensatze zu beiden, gerade alle Schuld auf Seian. Er ist es, der die Agrippina provocirt, ja sie sogar zu jener Taktlosigkeit an der kaiserlichen Tafel verleitet, durch Leute, welche von ihm geschickt, sie warnen sollten vor dem Gifte des Schwiegervaters. — Woher sollte sich nun Tacitus diese Anschauung geholt haben? Aus den Annalisten, die er mit Sueton und C. Dio verwendete, gewiss nicht. Offenbar nur aus Memoiren eines Gewärsmannes, wenn nicht aus denen der Agrippina selbst, obwol gerade der trotzige Charakter Agrippina's nicht gut wegkommt, und die Gehässigkeit gegenüber Tiberius gar ser gemildert, ja verschwunden erscheint. Für diese Nachrichtenreihe sind noch andere Momente höchst bezeichnend. So wenn Tac. (IV. 12) etwas erzält, was eine offenbar mit den Verhältnissen am Hofe ser vertraute Person verraten würde. Tacitus sagt: Gift gegen Agrippina und ihre Kinder konnte er (Seian) nicht anwenden, so gebrauchte er Intriguen, benutzte den alten Hass der Kaiserin, die Mitwissenschaft der jungen Livia (an dem Tode ihres Mannes), damit sie die, auf ihre zalreiche Familie stolze Agrippina beim Kaiser in Verdacht brächten, wie sie, gestützt auf die Liebe des Volkes, nach der Herrschaft strebe. Als Mittelsperson verwendete er Julius Postumus, den Liebhaber der Mutilia Prisca, welch' letztere wieder mit der Kaiserin befreundet war. — Die Umgebung der Agrippina aber wurde bewogen, durch böse Stichelreden die onehin stürmischen Geister der Agrippina aufzuregen. Mit den gleichen Mitteln machte er sich an Nero, den älteren Sohn, dessen jugendlichen Geist, trotz aller Bescheidenheit, die sichere Aussicht auf die Herrschaft, so wie die Reden von Clienten und Freigelassenen, zu verdächtigen, trotzigen und unüberlegten Reden reizen sollten, und in der Tat reizten (IV. 59). Von allen Seiten mit Spähern umgeben (selbst seine unruhigen Nächte wurden von Seian ausgenützt), wird ihm noch sein Bruder Drusus abwendig, ja zum Feinde gemacht (invidia quod mater Agrippina promptior Neroni erat), und Drusus selbst mit der Aussicht auf Nachfolge verlockt. Allein wärend dieser dem Seian vertrauend half, untergrub ihm der letztere selbst den Boden unter den Füssen.

Das sind Angaben, welche den übrigen felen; dieser Umstand macht uns klar, warum trotz der sachlichen Uebereinstimmung gerade bei Tacitus, Tiberius entlastet erscheint. Es war ja nur die Ansicht, die sich ihm ergeben musste, sobald er die herrschende Ueberlieferung der Annalisten wol benutzte, aber auf Grund vertrauenswürdiger Quellen corrigirte.

Es ist dies um so mer zu betonen, als für die letzte Zeit der 3.
Regierung Tibers für seinen Aufenthalt auf Capreae, wie für sein
Ende unserem Schriftsteller änliche Originalmittcilungen gefelt haben
müssen; denn wir sehen ihn hier im Farwasser derselben Historiker,
die für Dio und Sueton massgebend waren, ebenfalls treiben. —
Hier ist es auch, wo er, im Gegensatze zum Vorigen, sich genötigt
findet die Meinungen mererer Historiker anzuführen.

So ist er im Stande, über die Motive seiner Abreise nach Capreae
merere Versionen mitzuteilen. Nach dem in IV. 41 gesagten hat ihn
Seian in seiner Schlauheit dazu bewogen und später (IV. 57) bemerkt
er, dies teile er mit „quamquam secutus plurimos aucto-
„rum." Nach anderer Meinung wäre es sein Alter gewesen, das
Tiber bewog, da er sich seines Ausschens schämte; nach einer
dritten wäre Livens Herrschbegierde daran Schuld gewesen.
Lezteres betont aber gerade der Gewärsmann Suetons und
Cass. Dio's.

Sueton Tib. 50. ut quidam   Dio LVII. 12. ὥστε καὶ ἐς τὴν Καπρίαν
putent inter causas excessus   δι᾽ ἐκείνην οὐχ ἥκιστα μεταστῆναι. —
hanc ei vel praecipuam fuisse.

Tacitus wäre geneigt seiner Lüsternheit und Grausamkeit es zuzuschreiben (plerumque permoveor), weil auch ihm (wie Sueton und
Dio) das Fortwüten nach Seians Tode bedenklich schien; schliesslich
aber sagt er doch:

Tac. IV. 67. solitudinem eius   vgl. Suet. Tib. 40. Praecipue
(sc. insulae) placuisse maxime   delectatus insula, quod uno par-
crediderim quoniam impetuo-   voque litore adiretur, septa undi-
sum circa mare .... neque ad-   que praeruptis immensae altitu-
pulerit quisquam nisi gnaro custode.   dinis rupibus et profundo maris.

Tacitus beschreibt darauf die angeneme Lage der Insel. — Beide
Schriftsteller stimmen dann darin überein, dass die Regierung von
da an vernachlässigt wurde (vgl. Suet. Tib. 41). Und wenn Tacitus
sich kürzer fasst, so ist es um so deutlicher, dass er Annalenwerke vor
sich hatte, woraus er alles vergleichend, das ihm würdigst dünkende
heraushob. Zu ganz änlichen Beobachtungen bietet der weitere Vergleich Veranlassung. Wärend Sueton mit abstossender Behaglich-
keit in dem Schmutze der Scandalgeschichten wült, begnügt sich
Tacitus mit der Nennung der „spinthriarum" und „sellariorum" (VI. 1).
An derselben Stelle erfaren wir auch, dass Sklaven aufgestellt waren,
Opfer für seine Gelüste zu schaffen, und dass sie sich selbst
derselben, gleichsam wie Gefangener bedienten. Ebenso epitoma-
torisch verhält er sich zu den übrigen Nachrichten, deren Suetons
und Cass. Dio's Quelle gedenkt. —

| Suet. Tib. 45. fe m i-narum quoque illustrium capitibus quantopere solitus sit cludere, evidentissime apparet Malloniae exitus. . . . . | C. Dio LVIII. 22. ἐκ δὲ δὴ τῶν ἐρώτων, οἷς ἀναίδην καὶ τῶν εὐγενεστάτων καὶ ἀῤῥένων καὶ Θηλειῶν ὁμοίως ἐχρῆτο διεβάλλετο. | Tac. VI. 1. libidinum, quibus adeo indomitis exarserat, ut more regio pubem ingenuam stupris pollueret. — Nec formam tantum et decora corpora sed in his modestam pueritiam, in aliis imagines majorum incitamentum. |

Wärend aber Dio auch für das Unglück des Sext. Marius die Geilheit des Kaisers verantwortlich macht, gibt, wie schon erwänt, Tacitus seinen Reichtum als Grund des Verderbens an (VI. 19).

Tacitus kannte also die Ueberlieferung, benutzte sie hier; allein der Fall des Marius zeigt zugleich, w i e er sich zu all der Ueberlieferung verhielt.

Nähern wir uns der Geschichte der letzten Tage Tibers, so stimmen bezugs derselben Tacitus und Sueton darin zusammen, dass Gajus mit Macros Gemahlin in intimerem Verkere stand (VI. 45, vgl. Suet. Cal. 12). Sueton stellt die Sache von Gajus, Tacitus, von Macro ausgegangen dar. — Tacitus berichtet dann gemeinsam mit Dio die Worte Tibers, als er Macros Eifer für Gajus bemerkte:

| Tac. VI. 46. Macroni non abdita ambage occidentem ab eo deseri, orientem spectari exprobravit. | Dio LVIII. 28. ὅπερ καὶ ὁ Τιβέριος ἐπαπτεύσας ποτὲ Εὐγε (ἴφη) τὸν δυόμενον ἐγκαταλιπὼν πρὸς τὸν ἀνατέλλοντα ἐπείγῃ. |

Ueber die Unschlüssigkeit des Kaisers bei der Wal seines Nachfolgers unterrichtet uns nicht nur Josephus, sondern auch Tacitus; lezterer auch hier in Uebereinstimmung mit C. Dio und Sueton.

Würend aber diese den jungen Tiberius, als dem Vater in Bezug auf seine Aechtheit, verdächtig bezeichnen,

| (Suet. Tib. 62. et Tiberium ut ex adulterio conceptum aspernaretur.) | (C. Dio LVIII. 23. καὶ διὰ τὴν ὑποψίαν, οὐ γὰρ ἐπιστεύετο τοῦ Δρούσου παῖς εἶναι, σπερμόφα.) |

sagt Tacitus geradezu das Gegenteil. — Dann aber berichtet er mit Dio gleichlautend:

| VI. 45. Occides hunc Tu et te alius. | C. Dio LVIII. 23. οὐ τε τοῦτον ἀποκτενεῖς καὶ οἱ ἄλλοι. |

Das einzig originale, was Tacitus hiebei noch überliefert, ist die Prophezeiung, Gajus werde alle Laster Sullas, aber keine seiner Tugenden haben.

Bei Sueton (Tib. 62.) und C. Dio preist Tiberius den Priamus glücklich, „quod superstes omnium suorum exstitisset." Bei Dio LVIII. 23.
ὅτι ἄρδην μετὰ τῆς πατρίδος καὶ μετὰ τῆς βασιλείας ἀπώλετο. Eine Verschiedenheit, zu der noch eine andere kommt. Nach Dio sagte Tiberius:
ἐμοῦ θανόντος γαῖα μιχθήτω πυρί (vgl. Sueton Cal. 12.) wärend Sueton
es einem der Freunde Nero's in den Mund legt. (Sueton Nero. 38.)
Anderseits finden wir bei Dio und Tacitus in derselben Verbindung:

Dio a. a. O. Οὔτε δὲ ἕτερόν τινα
ὁμοίως πάνυ προσήκοντα ἑαυτῷ ἔχων ...

Tac. VI. 46. sin extra domum
successor quaereretur, ne memoria
Augusti, ne nomen Caesarum in-
ludibria et contumelias verterent.

In denselben Zusammenhang gehört das oben (S. 37.) berichtete
wonach bei den drei Schriftstellern gesagt wird, dass Thrasyllus vielen
das Leben gerettet habe. Wie weit dabei Tacitus von der anderen
Ueberlieferung abweicht, ist dort auseinandergesetzt.

Ueber die letzten Lebenstage Tibers wird Sueton ausführlicher;
Tacitus begnügt sich mit kürzeren Angaben, jedoch in sachlicher
Uebereinstimmung mit demselben.

Tac. VI. 46. gravescente valetudine nihil e libidinibus suis
omittebat .... solitusque eludere
medicorum artes et eos, qui post
tricesimum aetatis annum ad
internoscenda corpori suo utilia
vel noxia alieni consilii indigerent.

Suet. Tib. 68. valetudine pros-
perrima usus est, tempore quidem
principatus paene toto propeillaesa;
quamvis a tricesimo aetatis
anno arbitratu suo vixerit sine
adiumento consiliore medicorum.

Den Bericht über den Tod des Kaisers leitet Tacitus mit der
Formel ein: „tali modo compertum" und wie wir sehen werden,
nicht mit Unrecht. Existirten ja auch hier verschiedene Versionen.
Tacitus gedenkt (VI. 50.) sachlich mit Sueton übereinstimmend
(vgl. Tib. 72,73.) verschiedener Umstände und wält dann für den
letzten Augenblick, die ihm warscheinlichst dünkende Erzälung, wonach Gajus, den man schon als Kaiser begrüsst, bei der Nachricht von
Tibers Wiedererwachen erschreckt, regungslos dasteht, bis Macro
ihn den Greis mit Decken belasten und sodann von der Schwelle
sich entfernen heisst. — Bei Cass. Dio finden wir eine ganz verwante Nachricht (LVIII. 28.). Gajus verweigert dem wiedererwachen-
den Kaiser die Speise und erstickt ihn dann mit Macros Hilfe. —
Sueton bringt neben dieser (Tib. 73.) noch zwei Versionen. Nach einer
derselben (Cal. 12.) wird Tiberius von Gajus vergiftet und dann
erstickt, nach der anderen, aus Seneca, wie Sueton sagt, entnommenen
spielt Tiberius noch mit seinem Ringe, und da auf sein Rufen niemand
erschien, erhob er sich vom Bette und stürzte mitten im Zimmer
zusammen. — Gewiss das allerunbezeugteste; so mag das officiöse
Bulletin im Tagblatte ausgesehen haben.

Ich habe alle diese Uebereinstimmungen und Verschiedenheiten,
wie sie die Geschichte Tibers, seit er sich auf Capreae zurückgezogen,

bietet, angeführt, um zu zeigen, welche Musterkarten von Notizchen in Umlauf waren, wie um das ganze zurückgezogene verborgene Privatleben des Kaisers ein bunter Schleier von Anekdötchen und „geflügelten" Worten sich wob. Dass Tacitus hier auf die gleiche Kost wie Dio und Sueton angewiesen war, ergab die Vergleichung; dass ihm Originalmitteilungen, wie es bei Agrippina der Fall war, von unparteilicher Hand mangelten, ist aber begreiflich bei der vollkommenen Abgeschlossenheit, in welcher Tiberius sich von aller Welt hielt, die ihn hasste, und die er verachtete.

Wer jene Annalen verfasste („scriptores annalium") ist uns aber, wie oben, nicht möglich, ganz sicher und entscheidend auszusprechen. Der Verfasser charakterisirt sich wol durch die verhältnismässig genaue Kenntnis der Vorgänge in der Umgebung des Kaisers, so dass wir auf den „vir consularis" schliessen müssen, welcher uns ja schon andere Histörchen (vgl. Tib. 61.), die gleichlautend auch von Dio aufgenommen wurden (wie wir es oben fanden), bei Sueton überliefert. Das Pikante und dabei Gehässige gegenüber dem Kaiser würde uns den Schluss nahelegen, dass nach dem, was oben gesagt wurde, Servilius Nonianus der Verfasser wäre, den Tacitus neben Aufidius ebenfalls benutzt, jedoch nicht one durch Herbeiziehung einer unparteilicheren Quelle den üblen Eindruck abzuschwächen.

Wie weit für jene Schmutzgeschichten Material zu sammeln diesem „vir consularis" möglich war, lässt sich annähernd erraten, wenn man hört, dass ein Son des L. Vitellius seine Knabenjare am Hofe Tibers auf Capreae verbrachte (inter Tiberiana scorta et ipse perpetuo Spintriae cognomine notatus. (Suet. Vit. 3.) — Nun kommen, da Aulus Vitellius, der im Jare, da Domitius Consul war, starb, Quintus, Publius und Lucius als Brüder in Betracht, die unter Tiberius lebten: Quintus, ausgeschlossen wegen selbstverschuldeter Armut aus dem Senate (Suet. a. a. O. Tac. II. 48.), Publius, der Freund und Legat des Germanicus, welcher des Unterschleifs angeklagt, anderseits als ein Mitverschworner Scians angesehen, sich selbst die Adern öffnete (Suet a. a. O. Tac. 5. 8. vgl. VI. 47), und Lucius, welcher das Vertrauen Tibers sich zu erringen verstanden, Statthalter in Syrien war[1]) und des Gajus und Claudius Neigung durch kriechende Heuchelei[2]) sich sicherte. (Suet. a. a. O. Tac. VI. 32. 36. 41. XI. 3. 33. VI. 32.)

Man sieht, es sind Männer, die Stellung und Ansehen durch Laviren zu sichern wissen, und in denen sich nicht wenig der corrupte Adel jener Zeit charakterisirte. — Des letzteren Son nun war auf Capreae, und Sueton bemerkt: „existimatusque corporis gratia „initium et causa incrementorum patri fuisse" (Suet. Vit. 3). — So können denn leicht jene Geschichtchen in Umlauf gesetzt worden sein, als mit Gajus' Regierungsantritte Vitellius, um dessen Gunst

---

[1]) Nicht one Lob gedenkt Tacitus seiner: regendis provinciis prisca virtute egit, vgl. Josef Antiqu. XVIII. 4. 2. 3., 5. 1. 3.
[2]) Charakteristisch ist hiefür auch Dio LIX. 27.

zu gewinnen, auch an der Strömung gegen Tibers Andenken sich
betheiligte. Wie wenig aber Tacitus auf diese ganze Ueberlieferung
hielt, ja wie er nur obenhin von derselben Gebrauch macht, ist aus
all dem Gesagten klar geworden.

Dass er übrigens auch für andere Hofgeschichten auf Annalisten
angewiesen war, lerte uns der Vergleich mit Dio's Erzälung vom
Tode des Drusus (vgl. oben S. 23). wo er (IV. 10) bemerkt: „in tra-
„denda morte Drusi, quae plurimis maximeque fidis auctoribus memo-
„rata sunt rettuli.“ —

Wir begegnen aber ausser der auf Agrippina bezüglichen, noch 4.
einer anderen Nachrichtenreihe, welche Tacitus allein eigentümlich
ist, die aber den ersten Regierungsjaren des Kaisers angehört. Zwei
Nachrichten finden sich auch bei Dio und Sueton, aber deren Ver-
fassung ist augenscheinlich verschieden; der Tod des Agrippa Postumus und der verunglückte Versuch des Pseudo-Agrippa, Clemens.

Von ersterem berichtet Sueton (Tib. 22): Den Tod des Augustus
machte er nicht früher bekannt, als bis Agrippa aus dem Wege
geräumt war. Diesen tötete ein Tribun, nachdem er das Befels-
schreiben des Augustus gelesen. Zweifelhaft·sei, ob Augustus dasselbe sterbend hinterlassen, oder ob Livia in seinem (Augustus')
Namen, mit oder one Wissen Tibers es angefertigt hätte. „Tiberius
„renuntianti tribuno, factum esset quod imperasset, neque imperasse
„se et redditurum cum senatui respondit,“ um für den Augenblick
jeder Gehässigkeit auszuweichen. Bald schlief die Sache ein.

Dio LVII. 3. Den Agrippa liess er sogleich durch einen Mörder
umbringen, καὶ ἔλεγε μὲν μὴ ἐκ τῆς ἑαυτοῦ προςτάξεως τοῦτο γεγονέναι, ἐπηπείλει
τε τῷ δράσαντι. Allein Tiberius habe dies nicht ausgeführt, und in Folge
dessen seien dreierlei Meinungen in Umlauf. Einige erzälten, Agrippa
sei noch von Augustus getötet worden, andere, der wachhabende
Centurio hätte ihn, da Agrippa auf Neuerungen sann, auf eigene
Faust umgebracht, wieder andere, er wäre auf Liviens und nicht
auf Tibers Befel beseitigt worden. Beide Schriftsteller, Dio nur ent-
schiedener, bezeugen damit die Ungewissheit der Nachricht wie sie
dieselbe in ihrer Quelle fanden. —

Wie erzält nun Tacitus? — Die erste Grosstat des neuen Regi-
ments (I. 6) war die Ermordung des Postumus Agrippa. Tiberius
habe nichts beim Senate erwänt: (patris jussa simulabat) und der
Wachcommandant (tribunus, wie bei Sueton) hätte auf einen von
Augustus erhaltenen Befel hin gehandelt. — Das weist nun Tacitus
entschieden zurück und gibt dann in dem Satze „propius vero Tiberium
„ac Liviam . . . caedem festinasse“ die zwei anderen herrschenden
Meinungen in künstlerischer Weise wieder, indem er die gleiche
Antwort Tibers bringt, die dieser dem Centurio (bei Sueton dem
Tribun) gibt, daran aber den waren Sachverhalt ganz decidirt an-
knüpft. — Auffällig ist hiebei das Detail: „quem ignarum inermumque
„quamvis firmato animo centurio aegre confecit.“ Wir hören,

dass Sallustius Crispus, dessen keiner der beiden andern Historiker gedenkt, als „particeps secretorum" die Befele abschickte, und dass er, als er die Antwort Tibers dem Centurio gegenüber erfur, befürchtend, selbst (Sallustius) als schuldig eingezogen zu werden (juxta periculosa ficta seu vera promeret), Livia bat: „ne arcana domus ne consilia amicorum ministeria militum vulgarentur, neve Tiberius vim principatus resolveret cuncta ad senatum vocando; eam conditionem esse imperandi, ut non aliter ratio constat, quam si uno reddatur."

Wir sehen die Angabe ist so klar und entschieden, wie sie nur eine den intimsten Hofkreisen angehörige Person machen konnte.

Hieher könnte noch gehören, was wir über das Ende des Grachus auf Cercina lesen. — Nachdem Julia, Tibers ungetreue Gattin, im Jare 14 gestorben ist, wird er ermordet. — Wir hören aber, dass Julia den Tiberius als einen unebenbürtigen verachtet habe, und Tacitus fügt noch hinzu: „nec alia tam intima causa cur „Rhodum abscederet." [1]) — Wir erfaren aus Tacitus, dass Grachus die Julia noch mer reizte, und dass er der Schreiber der Briefe war, welche Julia mit Schmähungen gegen ihren Gemahl dem Augustus sandte. — Dass Tiberius, menschlich gedacht, für sein zerstörtes Lebensglück (vgl. Suet. Tib. I. 7) Rache nam an dem ehebrecherischen Genossen eines, ihm statt der geliebten Gemahlin Vipsania aufgedrängten Weibes, scheint Tacitus und mit ihm auch uns nicht unbegreiflich. — Grachus wurde ermordet, und wir erfaren über den ganzen Vorgang die Details bis über die letzten Augenblicke des Unglücklichen. — Tacitus aber bemerkt: „quidam non Roma eos „milites (die Mörder des Grachus) sed ab L. Asprenate proconsule „Africae missos tradidere auctore Tiberio, qui famam caedis „posse in Asprenatem verti frustra speraverat." — Das ist doch gewiss eine einzig bei Tacitus dastehende Mitteilung. Also Tiberius selbst hat es verbreitet oder zu verbreiten gesucht; aber vergebens hoffte er das Gehässige abzuweisen.

Was Pseudo-Agrippa betrifft, so bringt Sueton (Tib. 25) mit seinem Erscheinen das zaudernde Benemen Tibers am Anfange der Regierung in Zusammenhang.

Er berichtet, wie Tacitus (II. 39), dass ein Sklave des Agrippa bei Augustus' Ableben den Entschluss gefasst habe, Agrippa zu entführen und zu den germanischen Legionen zu bringen. Sueton fasst sich dann kurz: „nam et servus Agrippae, Clemens nomine, non „contemnendam manum in ultionem domini compararat . . . . Com-„positis seditionibus Clementem quoque fraude deceptum redegit „in potestatem. —

---

[1]) Sueton Tib. 10. gedenkt auch dieses Umstandes neben anderen Gründen, sagt aber, Tiberius habe selbst später erklärt (offenbar in seinen Memoiren), dass er nur nach Rhodus gegangen sei, um den Söhnen des Augustus nicht im Wege zu stehen.

Cassius Dio nähert sich der Taciteischen Erzälung:

C. Dio LVII. 16: ὁ Τιβέριος σοφία αὐτὸν διά τινων ὡς καὶ τὰ ἐκείνου φρονούντων ἐχειρώσατο, καὶ μετὰ τοῦτο βασανίσας ἵνα τι περὶ τῶν συνέγνωκότων αὐτῷ μάθῃ, ἔπειτ' ἐπειδὴ μηδὲν ἐξαλάλησεν, ἐπύθετο αὐτοῦ „πῶς Ἀγρίππας ἐγένου;" καὶ ὅς ἀπεκρίνατο ὅτι οὕτως ὡς καὶ σὺ Καῖσαρ.

Tac. II. 40. simulata conscientia adeant . . . . fidem . . polliceantur. Exsequuntur ut jussum erat; deinde speculati noctem incustoditam, accepta idonea manu vinctum clauso ore in Palatium traxere. Percontanti Tiberio quomodo Agrippa factus esse, respondisse fertur, quomodo tu Caesar: ut ederet socios, subigi non potuit.

Beide Berichte unterscheiden sich schon darin, dass Dio den Clemens auch nach Gallien gelangen lässt, wärend er nach Tacitus schon in Italien gefasst wird. Tacitus gibt aber durch das fertur zu erkennen, dass ihm dieses geflügelte Wort wol bekannt war, warscheinlich aus dem Autor, den eben auch Dio benutzte; Dio gedenkt übrigens auch wie Tacitus der allgemeinen Bestürzung in Rom. Der Umstand, dass Tacitus hier ebenfalls einen Annalisten vor sich hatte, verrät sich anderseits auch in dem Einschiebsel „quidam „milites fuisse tradunt." Allein wir finden, dass Tacitus die Angaben corrigirt. Nach welcher Quelle nun? — Wieder nach derselben höfischen Quelle wie oben. Auch hier erfaren wir ja manches Detail. Clemens eilt nach Cosa, verbirgt sich, lässt Haar und Bart sich wachsen, wodurch er dem Agrippa noch änlicher wird, sprengt durch Freunde aus, dass Agrippa noch lebe, lässt bald da bald dort sich sehen; und die „turbidi et nova cupientes" müssen gewaltig agitirt haben, da er, als er im Jare 16 in Ostia erscheint, von der Menge gefeiert und sein Betrug selbst in Rom geglaubt wird. — Wir erfaren die Ueberlegungen Tibers: „Tiberium anceps cura „distrahere, vine militum seroum summ coërceret . . . . ." (II. 40). Endlich gibt er Sallust den Auftrag der Sache ein Ende zu machen. Dieser wält zwei seiner Clienten (Tac. erwänt hier der Angabe des Annalisten, dass es Soldaten gewesen wären), die er instruirt, wie sie Clemens an den Leib rücken sollten. Sie vollziehen glücklich den Auftrag, Clemens wird in der Nacht überfallen und (vincto clauso ore) in den Palast geschleppt. Gefoltert gibt er keine Teilnemer 'an, (hier schiebt nun Tacitus das in den Annalisten gefundene Anekdötchen ein), und wird schliesslich in einem geheimen Winkel des Palastes niedergemacht. Bezeichnend schliesst Tacitus: „Et quamquam multi e domo principis equitesque ac senatores sustentasse opibus, juvisse consiliis dicerentur, haud quaesitum " — Wir hören, dass also Tiberius seiner eigenen Familie nicht ganz sicher war. Aber wir finden auch andere die Parteistellung am Hofe kennzeichnende Nachrichten, wie sie selbst bei Josephus felen. Dass Augustus zwischen Germanicus und Tiberius schwankte, sagt uns der Gewärsmann Suetons (Suet. Cal. 4, vgl. Tac. IV. 7). Allein

5*

Tacitus beleuchtet noch andere Beziehungen. In seinen letzten Tagen sprach Augustus (I. 13) auch noch von denjenigen, die eventuell zur Herrschaft gelangen könnten: „quinam adipisci principem locum suffecturi abnuerent, aut impares vellent, vel idem possent cuperentque. M' Lepidum dixerat capacem sed aspernantem, Gallium Asinium avidum et minorem L. Arruntium [1]) non indignum et, si casus daretur, ausurum. De prioribus consentitur pro Arruntio quidam Cn, Pisonem tradidere; omnesque praeter Lepidum variis mox criminibus struente Tiberio circumventi sunt.“ Ebenso verdächtig war ihm Q. Haterius und Mamercus Scaurus. Beide wegen ihrer Reden in der ersten Senatssitzung, dergleichen auch Sueton (Tib. 24. 28. 29.) anführt. — Q. Haterius ist es aber im Gegenteile bei Sueton, welchem Tiberius anfangs mit der grössten Höflichkeit erwidert, wenn er anderer Meinung war als er: „Ignoscas, inquit, rogo, si quid adversus, te „liberius, sicut senator dixero.“ — Bei Tacitus lässt Tib. ihn wenigstens in der ersten Versammlung hart an, und setzt hinzu: es sei erwiesen, „constat“, dass Haterius bald getötet worden wäre von den Garden, weil Tiberius über ihn oder seine Hände stolperte, als Haterius im Palaste erschienen war, ihn wegen der scharfen Worte im Senate zu besänftigen. — Und er konnte erst sich gerettet glauben, als er die Kaiserinmutter gebeten hatte, für ihn sich zu verwenden. —

Wir werden begreiflich finden, warum er gerade mit diesem so höflich war. —

Wir werden aber daraus auch ersehen, dass Tacitus hier neben dem, was bei anderen Annalisten sich fand, manches Neue aufnam, welches er geradezu bestimmt als erwiesen hinstellt. Wer konnte ihm so glaubwürdig geschienen haben? —

Ueber das Verhältnis zwischen Livia und ihrem Sone klärt uns auch eine andere Erzälung auf im Processe des Piso gegen Urgulania. (II. 34.) Letztere steckte sich hinter ihre kaiserliche Freundin Livia und, als Piso nicht von seiner Klage abliess, beklagte sich die Kaiserin bei ihrem Sone, bis dieser endlich selbst die Urgulania, die im Palaste sich wieder aufhielt, vor Gericht vertrat. „Tiberius hactenus indulgere matri civile ratus, ut se iturum ad „praetoris tribunal, adfuturum Urgalaniae diceret.“ Er tat es auch, aber Piso gewann den Process und Livia zalte für ihre Freundin.

---

[1]) So gern ich es sonst vermied auf einen der modernen Tacituskritiker zu sprechen zu kommen, bin ich doch genötigt das Vorgehen eines derselben zu beleuchten. L. Arruntius (sagt Tacitus) war dem Tiber verdächtig, weil er reich, tüchtig, beliebt beim Volke und rechtschaffen war (artibus egregiis). Nun, wenn man dies bedenkt, mag man begreiflich finden, ihn als Prätendenten betrachtet zu sehen. Wie nun Freytag? Er nimmt (ich sehe von seiner polternden Manier ganz ab) die einzelnen Puncte vor und demonstrirt an jedem einzelnen, dass Tacitus im Grunde genommen einen Unsinn geschrieben: „1) Reich: Tacitus sage selbst, „Tiber sei frei von Habsucht gewesen, 2) tüchtig: Tiberius habe gerade tüchtige „Leute gerne gehabt, 3) beliebt beim Volke: Tiber kümmerte sich nicht um „die Volksmeinung, 4) rechtschaffen: darüber schweigen wir lieber ganz.“ So kanzelt Freytag in seinem Buche (S. 65) Tacitus herunter und ist voll des stolzen Bewusstseins denselben gründlich abgefürt zu haben.

Gegenüber allen, das Verhältnis zwischen Mutter und Son als ge-
spannt bezeichnenden Nachrichten der Gewärsmänner des Sueton und
Dio Cassius (Suet. Tib. 50 und Dio LVII. 12.), bezeugt Tacitus die Macht
der Mutter über den Son (Tiberio inveteratum erga matrem obsequium
V.3); hatte doch auch Julia nur ihrem Schutze das Leben zu danken (IV.71).
Was nun die Absendung des Germanicus anbelangt, so tritt
auch hier Tacitus der bisherigen Ueberlieferung gegenüber corrigirend
auf (II. 43.) „c r e d i d e r e q u i d a m data a Tiberio (Pisoni) occulta
mandata." — Bestimmt aber sagt er (haud dubio), forderte die
K a i s e r i n m u t t e r die Plancina auf, Agrippina mit weiblichen
Eifersüchteleien zu verfolgen. „Divisa n a m q u e et d i s c o r s aula
„erat Tacitis in D r u s u m a u t G e r m a n i c u m s t u d i i s." Tiberius
begünstigte natürlich seinen Son, wärend Germanicus für die entzogene
väterliche Liebe die Zuneigung der Uebrigen besass „avum Antonium,
„avunculum Augustum ferens, contra Druso proavus eques Romanus
„Pomponius Atticus dedecore Claudiorum imagines videbatur." Man
erkennt deutlich genug beide Parteien. Dazu kam, dass Agrippina
an Ruf und Kinderreichtum ihre Schwägerin (Drusus' Gemahlin)
übertraf. — „Sed f r a t r e s e g r e g i e concordes et proximorum
„c e r t a m i n i b u s i n c o n c u s s i." —
In innerem Zusammenhange damit steht was wir lesen I. 69. Als
Tiberius erfur, Agrippina hätte durch Erhaltung der Brücke die sich
zurückziehenden Truppen am Rheine gerettet, und dieselben feierlich
empfangen, beklagte er das Vorgehen dieser Frau, wie er nicht
minder tadelte, dass sie um der Popularität willen den kleinen Gajus
in gemeiner Soldatenkleidung herumlaufen lasse und dulde, dass man
ihn Caligula nenne. — Accendebat hoc onerebatque Seianus peritia
morum Tiberii odia in longum jaciens. — Diese Klage konnte doch
nur einem aus der kaiserlichen Umgebung bekannt sein, dessen Ueberlieferung Tacitus kannte. Man lernt die Parteien kennen, die Stimmung
des Kaisers, aber auch jetzt schon das Intriguenspiel Seians. —
Ueber das Verhältnis des Kaisers zu seinem Sone D r u s u s, wie
über diesen selbst, cursiren in den Quellen Dios' und Plinius' manche
Anekdoten.[1]) Tacitus verzichtet darauf und wält aus den verschiedenen
Motiven, die man angegeben hatte für Tiberius' Wegbleiben von den
Gladiatorspielen (I. 76), das verhältnismässig am meisten rechtfertigende.
Er bemerkt aber kurz, dass ihm die allgemeine Ueberlieferung
bekannt war: „quamquam vili sanguine nimis gaudens quod in vulgus
„formidulosum et pater arguisse d i c e b a t u r." Dem obengenannten
Gewärsmanne mag angehören, was uns Tacitus (II. 44) mitteilt. Nicht
lange nach Germanicus' Abreise in den Orient schickte der Kaiser
den Drusus nach Illyricum „ut suesceret militiae studiaque exercitus
„pararet; simul juvenem urbano luxu lascivientem melius in castris
„habere Tiberius seque tutiorem r e b a t u r utroque filio l e g i o n e s
„o b t i n e n t e. Sed S u e b i p r a e t e n d e b a n t u r . . . . ."

---

[1]) Namentlich gelten diese seiner Trunksucht, so u. a. auch bei Seneca;
geradezu als Virtuose im Trinken erscheint er bei Plutarch. (Sympos. I. 18).

Aenliche Momente, die nur dem bekannt geworden sein können, der in Tibers Nähe weilte, finden sich noch mer. So lernen wir die Erwägungen des Kaisers kennen, als er die Vorwürfe hört, die man ihm wegen seines untätigen Lebens in Rom zur Zeit des Legionenaufstandes machte. „Inmotum adversus sermones fixumque Tiberio fuit non ommittere caput rerum .. Multa quippe et diversa angebant .. adulescentibus excusatum quaedam ad patrem rejicere, resistentisque Germanico aut Druso posse a se mitigare vel infringi, quod aliud subsidium si imperatorem sprevissent. — Bezeichnend ist der Schluss: „primo prudentes (also selbst die Eingeweihten, da er zur Reise rüstete) dein vulgum [1]) dein provincias fefellit." I. 46/47. — Dann I. 52: nunitiata ea Tiberium laetitia curaque adfecere. Gaudebat ... sed angebatur. — II. 42. elicit Archelaum maternis litteris, quae non dissimulatis filii offensionibus clementiam offerebat laetabatur Tiberius cum inter filios ejus et leges senatus disceptaret. II. 51. Mit änlichen Bemerkungen ist die Geschichte der thrakischen Verwicklungen durchsetzt: II. 64 ff. laetiore Tiberio, quia pacem sapientia firmaverat. — Nihil aeque anxium Tiberium habebat, quam ne composita turbarentur. Delegit centurionem, qui nuntiaret regibus ne armis disceptarent; .... scripsit (Cotys) hoc ad Tiberium, molliter rescriptum. Pomponium Flaccum, veterem stipendiis et arta cum rege amicitia .... ob id maxime .... Moesiae praefecit." So zeigt die ganze Darstellung wie die Fäden der gesamten Verwaltung in der Hand des Kaisers zusammenliefen. —

Ebenso eingeweiht in die Geheimnisse des kaiserlichen Cabinets zeigt sich der besagte Gewärsmann im Processe des Libo Drusus (II. 27/28), den Tacitus eingehender behandelt „quia tum primum „reperta sunt, quae per tot annos rem publicam exedere." Der Senator Firmius Catus selbst erweckte hochverräterische Gedanken und Pläne in Libo's Seele, um als Ankläger gegen ihn auftreten zu können. Wir erfaren, dass er durch den Ritter Vescularius Flaccus (cui propior cum Tiberio usus erat) Zutritt zum Kaiser zu erhalten suchte, dass aber Tiberius (indicium haud aspernatus) es vorzog, durch Flaccus mit dem Denuncianten zu verkeren, bis endlich Libo, durch Auszeichnungen seitens des Kaisers sicher gemacht, für den Process reif war.

Merkwürdigerweise gehören alle die oben angefürten Mitteilungen, welche eine solche Vertrautheit mit den intimsten Vorgängen im kaiserlichen Hause zeigen, nur den ersten Regierungsjaren an, denn bei Gelegenheit der Erkrankung der Kaiserinmutter im Jare 22 (III. 64.) zeigt sich Tacitus in Bezug auf das Verhältnis zwischen Tiberius und Livia unsicher. — Die Kaiserin erkrankt und Tiberius eilt in die Stadt „sincera adhuc inter matrem filiumque concordia „sive occultis odiis." Und über des Kaisers Benemen nach ihrem Tode fanden wir Tacitus (im Vergleiche mit Dio's Bericht erwuchs uns diese Anschauung) auf den Annalisten angewiesen. Noch mer

---

[1]) Sueton Tib. 38 ut vulgo jam per jocum „callipedes" vocaretur.

tritt uns diese Abhängigkeit bei den im IV. und VI. Buche erzälten Vorfällen am Hofe entgegen, wo er dann wenigstens die Memoiren der Agrippina zur Ergänzung und Beurteilung heranziehen konnte. Sollten es dieselben gewesen sein, welche ihm für die in den ersten drei Büchern enthaltenen Hofgeschichten massgebend waren? — Das Interesse des Germanicus und seiner Familienangehörigen erscheint zwar an einer Stelle besonders betont, aber die anderen Detailschilderungen von Acten, welche ausdrücklich als geheim bezeichnet werden, lässt die Anname einer Benutzung auch für diese Partien der Geschichte nicht gelten. — Wenn wir bedenken, dass an zweien dieser Vorgänge ein Mann beteiligt war, der als particeps secretorum bezeichnet wird, Sallustius Crispus, ferner, dass wir eine änlich eigentümliche Nachrichtenreihe nach dem Jare 20 vermissen (III. Buch) aber zugleich erfaren, dass Sallustius Crispus in diesem Jare mit Tod abgegangen sei, so wird diese Wechselbeziehung uns wol den Schluss erlauben, dass vielleicht Memoiren dieses Mannes von Tacitus nicht unbenutzt gelassen wurden. Von ihm heisst es dort, wo seines Ablebens gedacht wird, (III. 30): „cui secreta imperatorum inniterentur, et interficiendi Postumi Agrippae conscius." — An dieser Stelle erfaren wir auch, dass er, der Adoptivson des berümten Geschichtsschreibers, eine änliche Stellung einnam wie einst Maecenas, dass er wol luxuriös zu leben verstanden, aber doch ungemein wichtigen Aufträgen gewachsen war, trotzdem er Schläfrigkeit und Trägheit zur Schau trug. Er teilte übrigens das Schicksal des Maecenas: „speciem magis in amicitia principis quam vim tenuit." —

Fassen wir in Kürze die Resultate zusammen. Wir haben aus dem Vergleiche der Ueberlieferungen, wie sie uns bei Sueton und Cassius Dio erhalten sind, mit der Taciteischen die Erkenntnis gewonnen, dass erstlich den beiden keineswegs Tacitus als Gewärsman diente, ferner aber, dass alle drei eben gemeinsam jene Autoren benutzt haben müssen, welche vor Tacitus die Geschichte des Kaisers Tiberius schrieben. Es mag wol die Untersuchung, wie ich sie gefürt, den Schein der Zerrissenheit haben, aber nur dadurch war es möglich die Ueberlieferungen so zu gruppiren, dass das Verwante derselben nicht verborgen blieb, die Verschiedenheiten aber, namentlich die Verschiedenheit zwischen Titus und den beiden Schriftstellern, oder besser deren Gewärsmännern, deutlich ins Auge fiel, sowol in der Auffassung einzelner Momente, als in der Art der Wiedergabe von Tatsachen. Wir fanden, dass Tacitus, wie es uns der Vergleich schon im ersten Abschnitte vorliegender Abhandlung nahe legte, die Angaben der Annalisten verwertete, wo er auf originalere Mitteilungen verzichten musste, dass er sie aber durch Herbeiziehung von Memoiren ergänzte, ja corrigirte. Namentlich gilt dies von dem Verhältnisse Agrippinas zu ihren kaiserlichen Verwanten, von dem Verhältnisse des Kaisers zu seiner Mutter und endlich von gewissen Vorgängen, die unrichtig bei C. Dio und Sueton überliefert, oder von ihnen einseitig beurteilt erscheinen.

IV.

Germanicus.

Die allgemeine Ueberlieferung lässt Germanicus in dem schönsten
Lichte erscheinen: es sind nicht gerade seine Taten, die besonders
hervorgehoben werden, und die schwerlich einen Vergleich aushielten
mit der militärischen Vergangenheit seines Oheims und kaiserlichen
Adoptivvaters Tiberius, sondern was man an ihm rümte, das war seine
nach allen Seiten hin gleiche Liebenswürdigkeit im persönlichen Verkere; so recht im Gegensatze zu dem ernsteren [1]) wortkargen
Tiberius, schien er den Charakter des Augustus geerbt zu haben; und
romantische Schwärmer mag es auch noch gegeben haben, die von
ihm, wie einst von seinem Vater Drusus [2]) die Wiederherstellung der
republicanischen Ordnung erwarteten. — Genug an dem, diese allgemeine Beliebtheit brachte mit sich, dass die öffentliche Meinung in
Tiberius nicht nur das Gegenbild von Germanicus, sondern dessen
Gegner sah. — Nun ist das Bild des Germanicus wol auch bei
unserem Schriftsteller mit Liebe gezeichnet worden, und ist historische
Kritik bei Lieblingsfiguren gerechtfertigt, so hier geradezu des Gegen-
bildes halber geboten.

1.   Indem wir uns nun dem Kreise der Germanicusgeschichten bei
Tacitus zuwenden, gilt es uns, wie in dem vorhergegangenen Teile
der Untersuchung den Überlieferungen nachzugehen, die dem Taciteischen Werke vorausgegangen waren.

Dass Vellejus Paterculus, der dieser Zeit zunächst steht,
als loyaler Officier der Stimmung am Hofe Rechnung trägt, ist begreiflich, und wenn er Germanicus' kriegerische Taten mit etwas
Aplomb auf Tiberius zurückfürt, [3]) so hat er zum Teile keine Un-
warheit gesprochen. Wie denn anderseits seine Kürze und Flüch-
tigkeit es ebenfalls erklärlich machen, dass er der Kriege des Germanicus nur obenhin gedenkt.

---

[1]) Tac. I. 33. juveni civile ingenium, mira comitas et diversa ab Tiberii sermone, vultu adrogantibus et obscuris.
[2]) Vergl. Suet. Tib. 50.
[3]) II. 129. quibus praeceptis instructum Germanicum suum imbutumque rudimentis
militiae secum actae domitorem recepit Germaniae? —

Aber auffällig [1]) ist es, wie er an zwei Stellen hervorhebt, die Ehren, mit denen Tiberius den Germanicus überhäufte. II. 129. „quibus juventam ejus exaggeravit, honoribus respondente cultu triumphi rerum, quas gesserat magnitudini. —" dann: „quanto cum honore Germanicum suum in transmarinas misit provincias?" — In gedrängter Kürze gedenkt er des Legionenaufstandes. Wir erfaren dasselbe, was wir auch aus Tacitus wissen, nur kennzeichnet sich eine gewisse Vorsicht (II. 125.).

„Quippe exercitus, qui in Germania militabat praesentisque Ger-„manici, imperio regebatur, simulque legiones, quae in Illyrico erant, „rabie quadam et profunda confundendi omnia cupiditate novum „ducem, novum statum, novam quaerebant rem publicam (bei Ger-„manicus). Quin etiam ausi sunt minari daturos senatui, daturos prin-„cipi leges, modum stipendii, finem militiae sibi ipsi constituere „conati sunt processum etiam in arma, ferumque strictum est . . . „defuitque, qui contra rem publicam duceret, non qui sequerentur."

Wärend er nun im weiteren Verlaufe hinweist darauf, wie einst die alten Feldherren solche Aufstände beilegten, hebt er Drusus' „prisca severitas" und Junius Blaesus' wackeren Sinn hervor, gedenkt aber des Germanicus bei dieser Gelegenheit mit dem Wörtchen „gnave."

Wie die literarischen Nachfolger von Vellejus dachten, erhellt aus dem, dass keiner ihn benutzte, was übrigens andererseits auch bei der Kürze und der Anlage seines Werkes begreiflich ist. Der Zeit nach steht Josephus Flavius zunächst, denn die wenigen Angaben die Plinius (h. n.) bietet, sind zu geringfügig.

Bei Josephus begegnet uns Germanicus auch nicht zu häufig. Zuerst, analog mit Tacitus, in den orientalischen Verhältnissen, im Jare 18. Er knüpft wie Tacitus an die Ereignisse in Commagene nach Antiochus' Tode [2]) an. (Tacitus erwänt auch Philopators von Cicilien Hingang.) Er berichtet in sachlicher Uebereinstimmung mit Tacitus [3]) aber viel praeciser, dass das Volk national gesinnt war, der Adel römische Sympathien hegte, [4]) dass aber von beiden Parteien Gesandte nach Rom geschickt wurden. (Vgl. Tac. III. 42. plerisque Romanum aliis regium imperium cupientibus.)

---

[1]) Auffällig ist es und nur dann erklärlich, wenn wir bedenken, dass zu jener Zeit der Conflict zwischen Agrippina und Tiberius bereits seit 3 Jaren bestand (siehe oben S. 53) — denn dann wird uns begreiflich, warum Vellejus diese Ehren hervorhebt, indem wir voraussetzen dürfen, dass in Folge jenes Conflictes auch über das Verhältnis zwischen Tiberius und Germanicus die öffentliche Meinung anders dachte; und als Widerlegung dieser umlaufenden Urteile hat diese Hervorhebung Sinn.

[2]) Wie dieselben im Senate verhandelt wurden. Jos. ant. XVIII. 2. 4. Tac. II. 43.

[3]) Bemerkenswert ist auch die gleichmässige Ueberlieferung beider, betreffs der Meinung, welche die Parther von Vonones hatten. Tac. II. 3. Jos. ant. XVIII. 24.

[4]) Jos. antiqu. XVIII. 2. 5. διέστηκε δὲ τὸ πλῆθος πρὸς τοὺς γνωρίμους, καὶ προσβεβήκασιν ἀφ' ἑκατέρου μέρους. οἱ μὲν δυνατοὶ μεταβάλλειν τὸ σχῆμα τῆς πολιτείας εἰς ἐπαρχίαν ἀξιοῦντες, die Menge aber wollte βασιλεύεσθαι κατὰ τὰ πάτρια. —

Ebenso sagt er, dass der Senat die Absendung des Germanicus beschloss. Dieser sollte die Angelegenheiten ordnen; nachdem er dies vollzogen hatte, sei er an Gift gestorben, das ihm Piso beigebracht habe. Höchst bemerkenswert ist der Schluss davon: „ἀνῃρέθη φαρμάκῳ ὑπὸ Πίσωνος καθὼς ἐν ἄλλοις διδήλωται", denn er beweist, dass zur Zeit des Josephus diese Geschichten bereits von andern behandelt worden waren, und möglich ist es, dass der Inhalt der zwei letzten Paragraphen des II. Capitels des XVIII. Buches etwa auch darauf sich stützten. Hervorzuheben ist, dass er, one auf Tiberius Verdacht zu werfen, Piso als Täter hinstellt. An einer andern Stelle rümt er Germanicus persönliche Liebenswürdigkeit [1] (eingeschoben in XVIII. 6. § 8—9 wo die Verhältnisse am Hofe Tiberius' dargestellt werden.) Er erklärt damit die Trauer, die man über seinen Tod empfand — wie Tacitus (II. 72): „neque multo post exstinguitur ingenti luctu provinciae et circumjacentium populorum. — Indoluere exterae nationes regesque, tanta illi comitas in socios, mansuetudo in hostes." — Nicht nur Volk und Senat achteten ihn hoch ἀλλὰ καὶ τῶν ὑποτελῶν ἕκαστον ἐθνῶν οἱ μὲν ὁμιληκότες ἁλισκόμενοι . . . . . . πένθος αὐτοῦ τελευτήσαντος προυτέθη πᾶσιν οἳ θεραπείᾳ τῆς ἀρχῆς ἐπεψινδομένων τὴν συμφοράν λύπῃ, δὲ ἀλεθεῖ οἰκειομένων διὰ τὸ ἴδιον τυχεῖν ἑκάστοις τὴν μετάστασιν αὐτοῦ ὑπειλῆφθαι, Vergl. Tacitus III. 2. flentes aberat quippe adulatio (bei der Leichenfeier in Rom.)

Vergleichen wir damit Sueton's Bericht (Cal. 5.): „Quin et „barbaros ferunt, quibus intestinum, quibusque adversus nos bellum „esset, velut in domestico communique moerore, consensisse ad „inducias." Ja er geht noch genauer ein: „regulos quosdam barbam „posuisse et uxorum capita rasisse ad indicium maximi luctus: regum „etiam regem et exercitatione venandi et convictu Megistanum „abstinuisse, quod apud Parthos justitii instar est." Wobei uns nicht nur die ceremoniöse Form „rex regum", sondern auch die Vertrautheit mit den parthischen Sitten gleich auffällig ist. Nach dem ferner, was wir oben an das καθὼς ἐν ἄλλοις διδήλωται angeknüpft, können wir wol ser naheliegend finden, dass Sueton die Nachricht einer Quelle entlehnte, die schon Josephus vorgelegen hat für diese Verhältnisse. Gehen wir selbst gleich auf die Nachrichten ein, die bei Tacitus uns erhalten sind, so müssen wir jene beiden andern Schriftsteller wieder zum

---

[1] εὐσταθείᾳ τρόπον καὶ δεξιότητι τοῦ ὁμιλεῖν ἀναπαχθής ῶν . . . . . Diese seine Eigenschaft heben Sueton und Cassius Dio in gleicher Weise hervor; ich vereinige beide gleich an dieser Stelle:

Suet. Cal. 2. Omnes Germanico corporis animique virtutes et quantas nemini cuiquam contigisse satis constat, formam egregiam, ingenium .. praecelleus benevolentiam singularem conciliandaeque hominum gratiae et promerendi amoris mirum et efficax studium .. hostem saepe cominus percussit.

C. Dio LVII. 18. κάλλιστος μὲν γάρ τὸ σῶμα ἄριστος δὲ καὶ τὴν ψυχὴν ἐγένετο, παιδείᾳ τε ἅμα καὶ ῥώμῃ διέπρεπε καὶ ἐς τε τὸ πολέμιον ἀνδρειότατος ὢν ἡμερώτατα τῷ οἰκείῳ προςεφέρετο, καὶ πλεῖστον ἰσχύων ἅτε Καίσαρ ὢν ἐξ ἴσου τοῖς ἀσθενεστέροις ἰσωφρόνει. . . . . .

Wie man sieht, nahezu wörtlich übereinstimmend.

Vergleiche hereinziehen. Indem wir aber denselben Weg, wie oben, einzuschlagen gedenken, ist es durch die geschichtlichen Ereignisse selbst geboten, in zwei Abschnitten die Tätigkeit des Germanicus zu verfolgen, deren einer seinem Wirken in den Provinzen der beiden Germanien, deren anderer seinem Aufenthalte im Oriente und seinem Ende gewidmet sei.

I. Aufenthalt in Deutschland. (Provinz beider Germanien.)

In erster Linie haben wir vom Aufstande der Legionen zu sprechen. Es finden sich hier, wie ich schon mermals angedeutet habe, mancherlei übereinstimmende Relationen und Wendungen bei Tacitus und Cassius Dio, allein nicht, one dass sie wieder in erheblichen Dingen differirten. — Es ist unumgänglich notwendig hier weiter zurückzugreifen, und auch den Aufstand der Legionen in Pannonien, wie er von beiden berichtet wird, zu betrachten. — Warum, wird bald klar werden.

C. Dio (LVII. 4.) erzält in ungemeiner Kürze aber s a c h l i c h mit Tacitus übereinstimmend den Aufstand der Legionen in Pannonien, (Tac. I. 22—23.), dass sie Junius Blaesus zu töten versuchten, seine Sclaven folterten, bis derselbe sie schliesslich überredete, sich mit ihren Wünschen an den Kaiser zu wenden. (Vgl. Tac. I. 19.) Als Drusus kam und keine Zusage brachte, tobten sie von neuem (Tac. I. 25.) und belagerten Drusus in seinem Zelte,[1] dass er nicht entkomme. (Bei Tacitus I. 39. finden wir eine änliche Nachricht aber — bei dem Aufstande der Legionen in Germanien.) — Die Verfinsterungen des Mondes beruhigen die Aufrürer, (Tac. I. 78.) sie schicken andere Deputationen. (I. 29.) — Der heftige Winter nötigte zur Beziehung der Winterquartiere. (Tac. I. 30.) Einige werden im Zelte des Drusus hingerichtet. — Tacitus I. 30. bringt dasselbe aber mit dem bezeichnenden Zusatze: t r a d u n t p l e r i q u e. —

Man kann wol bei Tacitus eine grössere Breite der Erzälung bemerken, aber sachlich ist die Uebereinstimmung, sogar in der Anordnung, nicht zu verkennen. —

In Bezug auf den Aufstand in Germanien ist folgendes zu sagen: C. Dio (LVII. 5.) verschweigt den eigentlichen Beginn des Aufstandes und leitet die Erzälung ein: καὶ τὸν Γερμανικὸν καὶ Καίσαρα καὶ πολὺ τοῦ Τιβερίου κρείττω, ὁρῶντες ὄντα, ... τὸν δὲ Τιβέριον ἐκακηγόρησαν. Wenn uns auch nicht entgeht, dass die harmonischen Stellen selbst nicht in der gleichen Verbindung erscheinen, so sind doch dieselben hervorhebenswert. Dazu kommt aber der Umstand, dass er an den Stellen, wo er mit Tacitus nicht übereinstimmt, dem

---

[1] Dagegen stimmt C. Dio mit Vell. Paterculus überein. II. 125, wo er von der Bewältigung des Aufstandes durch Drusus spricht: et his ipsis militum gladiis, quibus obsessus erat, obsidentes coërcuit. . . . . —

Suetonischen Berichte sich nähert: so z. B. gleich der schon angeführten Einleitung.

Dio LVII. 5. ... *καὶ τὸν Γερμανικὸν καὶ Καίσαρα καὶ πολὺ τοῦ Τιβέριου κρείττω ὁρῶντες ὄντα, ... τόν τε Τιβέριον ἐκακηγόρησαν καὶ τὸν Γερμανικὸν αὐτοκράτορα ἐπεκάλεσαν.*

Suet Cal. 1. Germanicus Legiones universas imperatorem Tib. pertinacissime recusantes et sibi summam rei publicae deferentes .. (vgl. Suet. Tib. 25.)

Tacitus (I. 35.) sagt: „Fuere etiam qui legatam a Divo Augusto pecuniam reposcerent, faustis in Germanicum ominibus; et si vellet imperium, promptos ostentavere." — Uebereinstimmend schildern beide nur die Scene mit Calusidius, dessen Namen übrigens C. Dio verschweigt.

C. Dio a. a. O. *τέλος τὸ ξίφος ὡς καὶ ἱαυτὸν καταχρησόμενος ἐσπάσατο ἐπιβόησάν οἱ αἱ αἰάξοντες, καὶ τὶς αὐτῶν τὸ ἱαυτοῦ ξίφος ἀνατείνας, τοῦτο ἔφη λάβε τοῦτο γὰρ ὀξύτερόν ἐστιν.* —

Tac. I. 35. ferrum e latere diripuit elatumque deferebat in pectus ... miles strictum obtulit gladium addito, a c u t i o r e m esse.

C. Dio äussert dann: „er tötete sich aber nicht, weil er auf baldige Beendigung des Aufstandes hoffte," übergeht die Beratung im Feldherrnzelt (Tac. I. 36. 37.) und setzt fort:

C. Dio a. a. O. ... *γράμματα δὲ δή τινα ὡς καὶ παρὰ τοῦ Τιβερίου πεμφθέντα συνθείς, τήν τε δωρεὰν τὴν ὑπὸ τοῦ Αὐγούστου καταλειφθεῖσαν ὁφίσι διπλῆν ὡς καὶ παρ' ἐκείνου ἔδωκε, καὶ τοὺς ἔξω τῆς ἡλικίας ἀφῆκε καὶ γὰρ ἐκ τοῦ ἀστικοῦ ὄχλου οὓς ὁ Αὔγουστος μετὰ τὴν τοῦ Οὐάρου συμφορὰν προςκατέλεξεν οἱ πλείους αὐτῶν ἦσαν.*

Tac. I. 36. placitum, ut epistolae nomine principis scriberentur, missionem dari vicena stipendia meritis; ..... l e g a t a, quae petiverant, exsolvi d u p l i c a r i q u e. —
Tac. (aber schon I. 31.) vernacula multitudo nuper acto in urbe dilectu.

Nun findet sich bei Dio auch die Bemerkung, dass der Kaiser den Gesandten an Germanicus keine bestimmten Aufträge gab, ein Umstand, der uns bei Tacitus in änlicher Weise nur beim Aufstande der pannon. Legionen vorkommt, wo Tiberius den Drusus abschickte one bestimmten Auftrag „nullis certis mandatis, ex re consulturum." Indess lässt nach Dio der Kaiser gerade zu Germanicus eine änliche unbestimmte Instruction gelangen; er sagt nämlich: „Tiberius teilte den vom Senate an Germanicus abgesandten nur heimlich mit, *ὅσα τὸν Γερμανικὸν μαθεῖν ἠθέλησεν, εὖτε γὰρ ἠπίστατο πάντως ὁφᾶς ἐροῦντάς οἱ πάντα τὰ ἑαυτοῦ διανοήματα καὶ οὐκ ἠβουλήθη οὔτε ἐκείνοις οὔτε Γερμανικὸν πολυπραγμονῆσαι ......*

Als nun die Gesandten in's Lager kommen, sagt Tacitus „sentit miles statim — conficta ;" C. Dio, *τοῦ Γερμανικοῦ στρατήγημα μαθόντες, (Zonaras XI. 1. ὑποπτεύσαντες) ἐθορύβησαν οὐδεὶς ...*

Uebereinstimmend wird von beiden der Bedrohung der Gesandten gedacht. Wenn dann ferner auch die Bemerkung über „Caligula" gleichlautet:

κὶ τὸν υἱὸν ὃν Γάιον Καλιγόλαν, ὅτι ἐν τῷ στρατοπέδῳ τὸ πλεῖστον τραφεὶς τοῖς στρατιωτικοῖς ὑποδήμασιν ἀντὶ τῶν ἀστικῶν ἐχρῆτο προςωνόμαζον ἐπικπεμφ- θέντας ποι ὑπὸ τοῦ Γερμανικοῦ συνέλαβον.

Tac. I. 41. jam infans .. in contubernio legionum eductus quem militari vocabulo Caligulam appellabant quia plerumque ad conciliando studia eo teguisse pedum induebatur.

so schildert C. Dio doch das Vorgehen der Soldaten gegen Agrippina und ihre Kinder keineswegs als so harmlos wie dies bei Tacitus geschieht, sondern ziemlich gewaltsam. Dagegen kommen sich Cassius Dio und Sueton wieder näher, indem letzterer wol bemerkt, dass er von der Soldatenkleidung den Namen erhielt, allein hinzufügt „per hanc nutrimentorum consuetudinem" (entsprechend dem τραφεὶς bei Dio); und indem er das Vorgehen der Soldaten gegenüber Agrippina und Caligula ebenfalls als ein gewaltsames darstellt. — C. Dio sagt: καὶ τὴν μὲν Ἀγριππίναν ἐγκύμονα οὖσαν ...... ἀφῆκαν αὐτῷ δεηθέντι, τὸν δὲ Γάιον κατέσχον — und Suet. (Cal. 9.): „tum demum „ad poenitentiam versi reprenso ac retento vehiculo .... „deprecati sunt." C. Dio schliesst endlich: „und als sie nichts erreichten, hatte der Aufstand mit der Zeit selbst ein Ende" und gleichlautend mit Tacitus

καὶ ἐς τοσαύτην γὲ μεταβολὴν ἦλθον ὥστε καὶ αὐτοὶ τοὺς θρασυτάτους σφῶν αὐτο- κέλευστοι συλλαβεῖν καὶ τοὺς μὲν ἰδίᾳ ἀποκτεῖναι, τοὺς δὲ καὶ ἐς τὸ μέσον ἀγα- γόντες, ἔπειτα πρὸς τὸ τῶν πλειόνων βούλημα τοὺς μὲν ἀποσφάξαι τοὺς δ' ἀπολῦσαι.

.Tac. I. 44. Discurrunt mutati et seditiosissimum quemque vinctos trahunt ad legatum legionis .... rens in suggestu .. ostendabatur : si nocentem adclamaverant, praeceps datus trucidabatur.

Dass Dio der übrigen Aufstände nicht gedenkt, liesse sich bei seinem excerptorischen Verfaren am Ende begreifen — allein schwerer die anderen Differenzen. — Denn freilich in der Erwänung des Einfalls ins Marsengebiet liegt gar keine sachliche Verschiedenheit, wol aber in der Auffassung. — C. Dio folgt seinem nüchternen Gewärsmanne, wonach Germanicus den Einfall unternimmt um dem Mangel an Beschäftigung abzuhelfen, und in fremdem Lande zu fouragiren, indess Tacitus diesen Einfall von den Soldaten ausgehen lässt, welche die Manen der gemordeten Kameraden zu versönen gedachten. (I. 49.)

Weil aber, sagt Dio (LVII. 6.) Germanicus die Kaiserwürde ausgeschlagen, wird er von Tiberius privatim und öffentlich gelobt, „auch der Agrippina schrieb er auf's freundlichste. — Allein Ger-„manicus wie Agrippina blieben ihm verdächtig, weil er selbst falsch „war. Nur verbarg er jeden Groll."

78

c. 6. καὶ ἐπαίνους ἐν τῇ βουλῇ τοῦ
Γερμανικοῦ πολλοὺς ἐποιήσατο.
καὶ θυσίας ... ἐπὶ τοῖς πραχθεῖσιν ὑπ'
αὐτοῦ, ὥσπερ καὶ ἐπὶ τοὺς ὑπὸ τοῦ Δρούσου γενίσθαι ἐσηγήσατο. — τοῖς τε στρα-
τιώταις τοῖς ἐν τῇ Παννονίᾳ τὰ αὐτὰ τοῖς
ὑπ' ἐκείνου δοθεῖσιν ἐδωρήσατο. ἐς μέντοι
τὸ ἔπειτα ¹) οὐ πρότερον τοὺς ἔξω τῆς
Ἰταλίας στρατευομένους ἀπέλυε πρὶν τὰ
εἴκοσιν ἔτη στρατεύσασθαι, ...

Tac. I. 52. retulit tamen ad-
senatum ... multaque de virtute
ejus memoravit, magis in speciem
verbis, (der Heuchelei gedachte
Dio vorher) quam ut penitus sen-
tire crederetur. Paucioribus Dru-
sum et finem Illyrici motus laudavit,
sed intentior et fida oratione —
cunctaque, quae Germanicus in-
dulserat, servavit etiam apud
Pannonicos exercitus. —

Damit hat aber die Uebereinstimmung mit Tacitus' ganzer Erzälung im allgemeinen ein Ende. Der deutschen Kriege, die Germanicus fürte, gedenkt er (LVII. 18.) nur in dem einen Satze:
Γερμανικὸς δὲ τῇ ἐπὶ τοὺς Κελτοὺς στρατιᾷ φερόμενος εἰ μέχρι τε τοῦ ὠκεανοῦ
προεχώρησε, καὶ τοὺς βαρβάρους κατὰ τὸ καρτερὸν νικήσας τά τε ὀστᾶ τῶν σὺν τῷ
Οὐάρῳ πεσόντων συνελέξέ τε καὶ ἔθαψε, καὶ τὰ σημεῖα τὰ στρατιωτικὰ ἀνεκτήσατο. —
Und ziehen wir gleich Sueton herbei, so erwänt dieser auch
nur seines Triumphes. (Cal. 1). Uebrigens ersehen wir aus dem
später (Cal. 3.) angefürten, wonach er die Gebeine der, in der
Varischen Niederlage gefallenen Römer sammelte und begrub, dass
Sueton davon Kenntnis hatte. Er teilt denn auch (Tib. 52.) mit,
was wir bei Tacitus (II. 26) aus Tibers Briefen wissen: „Germanico usque adeo obtrectavit, ut et praeclara facta ejus pro
supervacuis elevaret, et gloriosissimas victorias, eu damnosas rei
publicae increparet." —
Dass Sueton nicht mer überliefert, das liegt eben in seiner Aufgabe, die nicht mer davon erheischte. — Dass aber Cassius Dio
von dem andern schweigt, ist auffällig. Gut, nemen wir an, er
fand auch die Kriege seinem Zwecke nicht entsprechend; warum
erwänte er noch des Einfalles in's Marsengebiet, und schliesst mit
dem angefürten Senatsbericht? Diese Frage beantwortet sich wieder
nur mit dem Hinweise auf das Resultat der ersten Untersuchung.
Der Marsenkrieg ist gleichsam die natürliche Fortsetzung und (mit
dem Lobe Tibers für all das ausgefürte) der Schluss des Legionenaufstandes, damit aber auch der Abschluss der Ereignisse, die mit
des Augustus Tode in innerem Zusammenhange stehen. Nun haben
wir oben schon zu beobachten Gelegenheit gehabt, wie gerade auch
bei den damaligen Senatsverhandlungen Tacitus' Erzälung näher der
Dionischen steht, als irgendwo anders. Wir haben ja selbst in dem
Gerede, das sich bei Augustus' Ableben kundgab, nur die verschiedenen Beurteilungen wiedergefunden, welche bei den Historikern
des Augustus dem Tacitus sich darboten. Dass gerade von dieser
Zeit an die Abweichung beider Erzälungen eine bedeutendere wird,
lässt uns nach dem eben ausgefürten schliessen auf die ein-

¹) Dieser Zurückname der gewärten Begünstigungen gedenkt Tacitus an der
Stelle, wo sie der Zeit nach hingehören. I. 78. —

gehendere Benutzung einer mit Dio gemeinsamen Quelle nur so
weit, als dieselbe die Regierung Augustus zum Gegenstande hatte, [1])
und die mit den erzälten Ereignissen die angeschlagenen Saiten
gleichsam ausklingen liess. Tacitus aber verwertete das Grundgerüste,
und vielleicht noch mer, änderte aber daran und verschönerte den
Aufbau seiner Geschichte durch Zuhilfename neuer Quellen, denen
wir auch die Details der zwei Feldzüge verdanken. Man wird mir
um so eher zustimmen, wenn man sich erinnert, dass Sueton an
gewissen abweichenden Stellen gerade der Dionischen Erzälung
gleichkommt, weil er, eben nicht gebunden durch künstlerische
Rücksichten, die Auffassung des ursprünglichen Gewärsmannes besser
bewaren konnte.

Welche Quellen zog nun Tacitus hiebei zu Rate? — Die um-   3.
fangreiche Darstellung, die er den Ereignissen zu Teil werden lässt,
zeichnet sich von anderen Teilen der Geschichte in den ersten
sechs Büchern durch eine gewisse Einheitlichkeit aus, namentlich in
der Geschichte des Krieges, welche, wie die Senatsberichte, mit
nicht minderer Sicherheit erzält erscheint. Nur an einer Stelle
nennt er einen ihm vorliegenden Gewärsmann, nämlich (I. 69) Plinius,
germanicorum bellorum scriptor; es felen jene Indicien „qui tradunt,
ferunt, scriptores, auctores." Wir sind also hier mer als anderswo,
auf innere Kriterien angewiesen.

Wenn wir die Erzälungen beider Legionenaufstände, des germanischen und pannouischen betrachten, fällt uns deren merkwürdig
einheitliche Disposition in's Auge. So wird bei beiden (I. 16, I. 31)
kurz der Ursachen Erwänung getan am Eingange; dann Zal und
Nummer der Legionen genannt. Merkwürdig ist der Parallelismus
festgehalten, so dass dort, wo man in der Erzälung des germanischen
Aufstandes die Namen der Rädelsfürer erwartet, auf den pannonischen Aufstand hingewiesen wird, wo Percennius als solcher auftritt.
(I. 16). „Non unus haec, ut Pannonicas inter legiones Percennius" (I. 31);
— analog den Scenen im pannonischen Lager (c. 11) stellen sich
dar die Scenen der Wutausbrüche (in c. 32) gegen die Officiere
und in dem Satze „nec legatus ob viam ibat" liegt wieder eine Beziehung auf Jun. Blaesus (c. 19). Der Einschiebung der Stimmung
in der Stadt, und der Entschliessungen Tibers (c. 46) entspricht für
den pannonischen Aufstand die, der Absendung des Drusus (c. 24).

Nun, ich glaube schon an mereren Stellen oben S. 17 u. S. 57
die Anname gerechtfertigt zu haben, dass für den Aufstand in
Pannonien, wie für den in Germanien, sowie für andere den Tod
des Augustus begleitende Ereignisse mit Tacitus dieselbe Quelle wie
C. Dio benutzt habe. Ist nun auch die eben angefürte eigentümliche
Disposition nicht gerade dafür zwingend, sondern scheint sie im Gegenteile für die selbständige Gestaltung des Historikers zu sprechen,
so kommen doch zu den oben erwänten schwer genug wiegenden

---

[1]) Eine Meinung, die auch Proitzheim a. O. zu teilen scheint,

Momenten noch zwei nicht unbedeutende; das ist einerseits der Umstand, dass an dieser Stelle (c. 38) das Lob der Agrippina und ihres Gatten Germanicus ausgesprochen wird, wie es an anderen Stellen gerade wiederkert; anderseits gebraucht hier (32) Tacitus ein Wort für den Begriff „wütend", der seinem ganzen Wortschatze sonst felt, das ist das Wort „lymphati."

Können wir also, wie gesagt, uns der merfach erwänten Anname der Benutzung eines Annalisten nicht verschliessen, so ist doch auffällig, dass — wärend im pannonischen Legionenaufstande eine andere Version noch hereinspielt, — (I. 29 tradunt plerique, wo von weniger öffentlichen Handlungen die Rede ist) — hier vom Aufstand der germanischer Legionen bis zu Germanicus' Abberufung, (die Stelle 1. 69 Plinius ausg.), keiner Variante gedacht wird. Zugleich bemerken wir eine Detaillirtheit gerade dort, wo es sich um Germanicus' Person und dessen nächste Umgebung handelt, die schwerlich ein Plagiat aus den sonstigen Annalisten sein kann.

Vorher sei noch eine kurze Skizzirung der Sachlage, wie sie sich im I. Buche (CC. 31—49) darstellt, gestattet: Der Aufstand beginnt bei den Legionen (im Sommerlager an der Ubiergränze) in Germania inferior, und bleibt auch dort beschränkt. (31—33). Die Veteranen fordern Entlassung, die jüngeren höheren Sold. Misshandlungen der Officiere. Germanicus eilt vom gallischen Census weg herbei, wird in seiner Rede unterbrochen und nach Abweisung der Kaiserwürde verhönt (33 - 36). Im Kriegsrate fertigt man erdichtete kaiserliche Briefe aus, die den Soldaten ihre Wünsche sichern. Diese verlangen aber augenblickliche Erfüllung und können erst nach Erhalt des Gewünschten in die Winterlager abgefürt werden (36—38). Die Legionen in Obergermanien erlangen dasselbe one Aufruhr erregt zu haben (37). Den Aufstand des Detachements im Chaukengebiet bewältigt der Commandant M. Ennius; Caecina commandirt indess in castra vetera, Germanicus in ara Ubiorum (Cöln). Es kommen die Gesandten vom Senat, die misstrauischen Soldaten stürmen Germanicus' Wonung und rauben die Feldzeichen (39).

Der Abzug der Familie des Prinzen bringt die Truppen zur Ernüchterung (40). — Die Rede des Germanicus (41—44) bewirkt die Auslieferung und Bestrafung der Rädelsfürer. Dann folgt die Musterung (46, 47). Der Geschichtsschreiber fürt dann den Leser nach Rom, schildert Tibers Zaudern (48). Indess werden in castra vetera von Caecina die Rädelsfürer überrumpelt und getötet. Der Caesar erscheint und fürt dann die Legionen ins Land der Marsen (49, 50, 51).

Von den charakteristischen Einzelheiten sind nun hervorzuheben: (34) „quidam prensa manu ejus per speciem exosculandi inseruerunt digitos, ut vacua dentibus ora contingeret." Ebenso erscheint „tum a veneratione Augusti flexit" als Beweis für das ausfürliche Excerpt einer Rede, die dem Geschichtschreiber vorlag; ist er in seiner weiteren Schilderung (c. 35) schon detaillirt, so erkennt man geradezu des Augenzeugen Entsetzen in dem „vix credibile dictu"; er bemerkt auch: „saevum id malique etiam furentibus visum." Der Inhalt des c. 36 lässt Rede und Gegenrede im Kriegsrate bemerken; wir erfaren den merkwürdigen Umstand, dass das Geld, welches die Soldaten bekamen „ex viatico amicorum ipsiusque Caesaris pecunia" war. Die Aufname des Berichtes vom Aufstande des detachirten Corps unter Ennius (c. 38), das tatsächliche Vergreifen an Germanicus' Person in der Stadt Cöln, die Bedrohung und Mishandlung der Gesandten (c. 39 rarum etiam inter hostes), erscheinen beweisend für die Autopsie des Gewärsmannes. Dazu die Mitteilung (c. 10), „in metu arguere Germanicum omnes", wärend zugleich das „illos saltem et rei publicae redderet" für die Niederschreibung der Notiz zu einer Zeit spricht, wo das Verhältnis zwischen Agrippina und Tiberius noch kein so gespanntes war. In c. 42 leitet Tacitus mit „ita coepit" die zweite Rede des Germanicus ein, die uns wieder in ausfürlichem Excerpte erscheint. In c. 41 wird aber mit merkwürdiger Offenheit ausdrücklich bemerkt, dass man den Caligula in Soldatenkleidung steckte, „ad concilianda vulgi studia"; endlich in c. 49 wird erzält, unter vielen Tränen habe Germanicus von dem Blutbad in Xanten (castra vetera) vernommen, als er sich hinbegab; entsprechend dem in c. 44 gesagten, nämlich „gaudebat caedibus miles, tamquam semel absolveret; nec Caesar arcebat, quando nullo ipsius jussu penes eosdem saevitia facti et invidia erat." Die Ansprache an die Legionen beim Einfalle im Marsenland (c. 51), dann die Beratung vorher über die Marschroute[1]) die Marschordnung[2]) selbst, die Erwänung der sternhellen Nacht, dann des Heiligtumes „Tanfana" wie das „quod gnarum duci"[3]) beweisen, dass der Gewärsmann selbst teil nam; und zwar in der nächsten Nähe des Germanicus, oder dass er von einem von dessen Freunden, wenn nicht von ihm selbst darüber unterrichtet wurde. — Sollte endlich nicht auch das „nuper acto in urbe dilectu" (31) für den Zeitgenossen sprechen?

Dass die ganze Darstellung dramatisch höchst wirksam ist, kann nicht geleugnet werden, wie wir denn schon oben bemerkten, den Unterschied zwischen der nüchternen Auffassung bei C. Dio, beziehungsweise dessen Gewärsmanne und der ungleich idealeren bei Tacitus.

Wenn wir uns zu den Kriegszügen selbst wenden, können wir manchen nicht minder dramatischen Scenen und poëtischen Darstellungen begegnen. — Allein anderseits erscheinen auch wieder zalreiche Momente, die uns den höchst genauen Berichterstatter

---

[1]) I. 50. Inde saltus obscuros permeat, consultatque, ex duobis itineribus breve et solitum sequatur an impeditius et intemptatum eoque hostibus incautum. Delecta longiore via cetera adcelerantur.

[2]) 51. Caesar avidas legiones, quo latior populatio foret, quatuor in cuneos dispertit quinquaginta milium spatium ferro flammisque pervastat.

[3]) Dass nämlich die Schlächterei im Marsengebiet und die Zerstörung des Heiligtums, die Bructer, Tubanten und Usipeter zur Rache aufgereizt habe.

6

des Tacitus erkennen lassen. Die cc. 55—59 des I. Buches bieten nicht viel bedeutendes dieser Art; wol aber herrscht bei der Kürze, mit welcher der militärischen Actionen gedacht wird, dafür in anderen Dingen das oratorische und poëtische Element vor.

Wir lernen kennen (c. 55) die Beziehungen des Arminius und Segestes zu den Römern und (c. 57) die zu Segestes Son, Segimund. In c. 58 wird dem Segestes eine woldurchdachte Rede in den Mund gelegt, hingegen werden die militärischen Bewegungen abgefertigt mit den Worten „exercitum reduxit nomenque imperatoris auctore Tiberio accepit"; annalistisch kurz! — Nicht minder gemacht sieht der Aufruf des Arminius an die Germanen aus. Auffällig in hohem Grade ist dabei, dass Tacitus, der sich doch sonst so genau unterrichtet zeigt, nicht einmal den Namen der Thusnelda mitteilt, für den wir geradezu auf Strabon angewiesen sind.[1]

Es charakterisirt den Gewärsmann, wenn er uns über Anschauungen wie über Gemütsstimmungen des Germanicus unterrichtet, so heisst es c. 57 „Germanico pretium fuit convertere agmen," in c. 60 „major Caesari metus" — Das Gemälde des Teutoburgerwaldes ist nicht minder bezeichnend. Vor allem sagt er wieder (c. 61) „cupido invadit Caesarem solvendi suprema .... permoto ad miserationem omni qui aderat, exercitu ob propinquos, amicos, denique ob casus bellorum et sortem hominum." — Er sieht Umfang und Abgrenzung des Hauptplatzes, die Arbeit der drei vernichteten Legionen, den halbaufgeworfenen Wall, und den noch seichten, halbfertigen Graben, dort den Platz, wo der Rest sich niedergelassen hatte, „albentia ossa — ut fugerant ut restiterant, disjecta vel aggerata . . . fragmenta telorum." — Er kommt in den nahen Hain, sieht die Altäre, an denen man Tribunen und Centurionen geschlachtet hatte; ja die „superstites illius cladis, pugnam et vincula elapsi" deuten hin auf die Plätze, da fielen die Legaten, hier erhielt Varus den ersten Streich, dort stand Armin und schrie, wie viel man Galgen, wie viel man Gruben machen solle.[2] Sonderbar ist aber das folgende, wo es sich um militärische Operationen handelt, denn hier erfaren wir wieder nur, dass Germanicus vier Legionen zur Ems verschifft; kaum nachdem er die Befele erteilt, verschwindet er uns aus den Augen und wir begegnen ihm erst wieder am Teutoburgerwalde.[3] — Es tritt eben Caecina mer in den Vordergrund, dessen Tätigkeit (nachdem derselbe den Befel zu recognosciren erhalten) er mit der Schilderung des Einmarsches in den Teutoburgerwald (incedunt ...) einleitet. — Die Bewegungen des Hauptquartiers

---

[1] Strabo VII. 391 bei der Erwänung von Germanicus' Triumphe.

[2] Dass Tiberius es tadelte, dass die Gebeine dort begraben wurden (c. 60) ist eingeschoben und mag einem Schreiben desselben an Germanicus entnommen sein, ist aber frei von aller gehässigen Anspielung mitgeteilt, wenn auch das (seu cuncta Germanici in deterius trahenti) von Tacitus unter dem Eindrucke der andern Umstände hinzugefügt zu sein scheint.

[3] Mox reducto ad Amisiam exercitu (legiones classe, ut advexerat, reportat) pars equitum litore oceani petere Rhenum jussa. —

bleiben uns also völlig unbekannt. — Dagegen werden wir vertraut gemacht mit den Schicksalen einzelner Corps, in verschiedenen lebhaft ausgeschmückten Scenen (63 —69). Von Caecina erfaren wir die Zal seiner Dienstjare, ferner wie er sich beratet (dubitanti . . . castra metari placuit — futura volvens c. 64). — Tacitus skizzirt uns dabei flüchtig das Terrain und dessen Schwierigkeiten für die römische Gefechtsweise (neque pila librare inter undas poterant . . . corpora graviora loricis), erzält dann den beängstigenden Traum Caecinas (c. 65), wir hören den Ausruf des Arminius wärend der Schlacht, mit deren einzelnen Phasen wir auch bekannt gemacht werden „equisque „maxime vulnera ingerit. Illi sanguine suo et lubrico paludum „lapsantes . . . Plurimus circa aquilas labor quae neque ferre, „neque figi poterant . . . Struendum vallum, petendus agger.“ [1] — Die Gefar, aus der Caecina nur durch das Eingreifen der I. Legion befreit wird, ist lebhaft geschildert.

In der Nacht endlich die Verwirrung, die das losgerissene Pferd anrichtete (66), die Mühe, die sich Caecina gibt, derselben zu steuern (67), bis endlich nur der Zwiespalt im feindlichen Lager den kläglichen Sieg und den Rückzug gestattet. (68.) —

Agrippina empfängt die Zurückgekehrten (69). Vom Corps des Vitellius werden uns die Mühseligkeiten und Gefaren als nicht geringer geschildert, die es auf dem Marsche längs der Küste auszustehen hat. [2] Endlich, wenn auch bedeutend kürzer, wird der Operationen der 3. Abteilung unter Stertinius gedacht (71).

Dass die ganze Expedition des Jares 15 wenig Resultate erzielt, wol aber Opfer gekostet hat, liest sich aus der Bemerkung heraus (71): „Ceterum ad supplenda exercitus damna certavere Galliae, Hispaniae, Italia, quod cuique promptum arma equos aurum, offerentes.“

Hier begegnen wir nun erst wieder dem Germanicus, [3] der Waffen und Pferde requirirt, allein das Geld für die Belonung der Soldaten aus Eigenem bezalt. Leutselig wie er ist, mildert er, mit den Verwundeten herablassend beschäftigt, die Eindrücke der Niederlage (cladis memoriam, comitate). Ja wir sind vollkommen im Unklaren gelassen, womit [4] sich L. Apronius und C. Silius die Triumphal-

---

[1] Poëtisch wird Schaufel und Haue umschrieben: amissa magna ex parte, per quae egeritur humus aut exciditur caespes — ebenso: non tentoria manipulis non fomenta sauciis. —
Nicht weniger fällt in die Augen der wiederholte Gebrauch des „igitur“ im ganzen Abschnitte.

[2] Sternuntur fluctibus, hauriuntur gurgitibus; jumenta sarcinae, corpora exanima interfluunt occursant (c. 70).

[3] Bezugnemend darauf mag vielleicht sein Plin. h. n. XXV. 3. 20. In Germania trans Rhonum castris a Germanico Caesare promotis maritimo tractu fons erat aquae dulcis.... Frisii gens tunc fida, in qua castra erant... — oder XXXVII. 3. 42. certum est gigni in insulis .. glaesum itaque ab nostris ob id insulam gloesariam appellatam, Germanico Caesare ibi gerente.

[4] c. 72. Decreta ex anno triumphalia insignia A. Caecinae L. Apronio et Silio ob res cum Germanico gestas.

6*

erenzeichen verdienten, die sie mit Caecina in diesem Jare „ob res cum Germanico gestas" erhalten (c. 72). Die Person des Germanicus tritt erst in dem dritten, beziehungsweise zweiten Feldzuge, im Jare 16, bedeutender uns entgegen. Die Erzälung desselben ist im II. Buche[1] cc. 5—26 enthalten. Hier wird für das Detail aller Partien des Zuges in eminenter Weise gesorgt. — Nicht weniger poëtisch wie früher, lässt übrigens der ganze Bericht auch hier wieder den Augenzeugen erkennen. Er beschreibt (c. 6) den Bau der Schiffe, die Lage der Bataverinsel, und bringt den Namen des linken Rheinarmes „Vahala" (c. 9). Die, in der angegebenen Form ganz glaubwürdige, Unterredung zwischen Arminius und dessen Bruder Flavus, von welch letzterem er anmerkt, dass er nur mer ein Auge hatte, wie nicht minder die Bemerkung „cernebatur Arminius minitabundus" mögen für ihn als Augenzeugen sprechen. Um sich als solchen ja zu legitimiren, fügt er später hinzu „nam pleraque Latino sermone interjaciebat ut qui Romanis in castris . . meruisset — — wie er auch später (c. 13) von einem „hostis latine sciens" spricht.

Ueberläufer bezeichnen das von Armin gewälte Schlachtfeld, man bemerkt die Feuer, Kundschafter berichten über die Stärke des Feindes (c. 12). Eingehend, wenn auch nicht ganz vollkommen ist die Schilderung des Terrains von Idisiaviso und dem zweiten Schlachtfelde (cc. 19—20).

Der Gewärsmann sieht, wie Arminius wärend der Schlacht auf seine Wunde weist (c. 17), er berichtet auch, dass einige Soldaten behaupteten, nur die Hilfsvölker, die auf römischer Seite fochten, hätten denselben, da er von allen Seiten eingeschlossen war, durchgelassen. Er beschreibt (c. 21) den verschiedenen Gebrauch der Waffen bei Römern und Germanen. — Höchst anschaulich schildert er dann (c. 25) den Meeressturm. — Von Germanicus hören wir, dass derselbe (erst jetzt) Kriegsrat hält (c. 5) „tractare proeliorum vias „quae sibi saeva vel prospera evenissent .... mille naves visae „sufficere (c. 16) tumulum iterare haud visum" (c. 7), die Erteilung der Befele an einzelne ausgeschickte Corps (c. 7) an Silius, (c. 8) an Stertinius. — Endlich richtet Germanicus ein Gebet an die Manen seines Vaters Drusus (c. 8). — Nichts aber spricht mer für die Intimität zwischen dem Berichterstatter und Germanicus, als die Erzälung in c. 12. — Germanicus will den Geist der Truppen kennen lernen und findet, weil „amicis inesse adulationem" kein anderes Mittel dafür, als die Truppen selbst zu belauschen. — In das Fell eines wilden Tieres gehüllt, geht er, nur von einem begleitet (comite uno), umher, (vielleicht war es der Schreiber selbst), hört wie ihn die Soldaten loben (seine Eigenart „per seria et jocos eundem in animum"), er erlauscht die Abweisung, die der feindliche Unter-

---

[1] Meisterhaft ist die Geschichte eingeleitet mit den Verwicklungen im Oriente; so dass wir die Wolke sich zusammenziehen sehen über dem Haupte Germanicus, wärend er noch nach neuen Siegen jagt. —

händler erfärt. Dann (c. 14) hat er einen, freudige Hoffnung spendenden Traum und von diesem Omen gestärkt, erhebt er sich morgens und hält eine die Soldaten auf den Kampf vorbereitende und über dessen Wesen belerende Ansprache. Dass er den jüngeren Soldaten gegenüber die Germanen schmäht und sie „sine pudore flagitii" nennt, ist umsomer für die Originalität der Ueberlieferung sprechend, als es den Verhältnissen und römischen Anschauungen entsprach, die in damaliger Zeit herrschend waren, die aber für Tacitus' Zeit nichts weniger als verständlich gewesen wären. — Umsoweniger ist also eine Composition der Rede durch Tacitus anzunemen. — Da erteilt er (visis Cheruscorum catervis) die Befele (c. 17) (ipse tempore ad futurus); da erscheint ihm das „pulcherrimum augustum", er sieht acht Adler (offenbar eine Beziehung auf die acht Legionen), ihrem Fluge heisst er die Soldaten folgen. — Dann bereitet er sich zur zweiten Schlacht; keiner der feindlichen Pläne bleibt ihm verborgen (c. 19 nihil ex his Caesari incognitum), dann ordnet er die Reihen (die Aufstellung wie in c. 17 geschildert), das Gefecht beginnt, und mitten im heftigsten Gewüle entblösst Germanicus sein Haupt „quo majus agnosceretur" (c. 21), so recht im Gegensatze zu Arminius, der im letzten Gefechte (c. 17) sich durch Blut und Schmutz unkenntlich gemacht hatte. — Der sonst so milde Germanicus wird blutdürstig: „nil opus captivis . . . solam internecionem gentis finem belli fore!" — Die Schlacht ist gewonnen und wie früher (c. 18) die Soldaten, so errichtet Germanicus hier (c. 22) nach dem zweiten Siege eine Trophäe mit einem stolzen Titel (superbo cum titulo), den übrigens Tacitus wörtlich anfürt. — Der Gewärsmann weiss jedoch, dass Germanicus über seine eigene Mitwirkung nichts hinzugefügt . . . . „De se nihil addidit." — Später (c. 25) erfärt man durch Gefangene, dass die Feinde in Schrecken gesetzt seien „nec dubium habebatur labare hostes petendaeque pacis „consilia sumere, et si proxima aestas adiceretur, posse bellum „patrari" (c. 26).

Und nur um dieses eine Jar bat Germanicus noch den Kaiser. — Allein in häufigen Briefen (crebris epistulis) ermant ihn letzterer zurückzukeren und bietet ihm für das kommende Jar das Consulat an. — Wenn wir nun Germanicus von der Ueberzeugung erfüllt sehen, dass nur ein einziges Jar schon hingereicht hätte, die deutschen Nachbarn zu bezwingen, und wenn wir seinen Ehrgeiz zu würdigen wissen, so werden wir begreiflich finden, dass er die, (wenn auch uns richtig dünkenden) Erwägungen des Kaisers als Ausfluss seines Neides betrachtet. Und so berichtet uns der Gewärsmann von dieser Stimmung des Germanicus: (c. 26) Germanicus zauderte nicht länger, „quamquam fingi ea seque per invidiam parto jam decori, abstrahi intelligeret."

Sahen wir also an diesen zalreichen Beispielen, und zu all den Momenten kommt eben auch die Wiedergabe des Inhaltes der Briefe, die Tiberius und Germanicus wechseln, als ein gewiss berücksichtigenswerter Umstand, wie vertraut der Gewärsmann des Tacitus mit den einzelnen Ereignissen der beiden Feldzüge war, so fanden wir anderseits nicht minder die gleiche Vertrautheit mit Umständen, welche sich auf die Person des Germanicus bezogen, und nur diesem selbst, oder seinem engsten Freundeskreise bekannt sein konnten.

Dazu kommen noch andere Beobachtungen: Wir kennen die Traditionen des julischen Hauses, wir kennen ferner (ich verweise auf Germanicus' Orientreise) den Germanicus als einen Freund der Altertümer. Anderseits ist seine Vorliebe für das Geheimnissvolle der Omina, worin er übrigens mer Kind seiner Zeit war, hervorgehoben, — sowie das Leidenschaftliche, ja oft Kleinmütige seines Charakters. Alles das kert getreu in allen diesen Berichten wieder, auf welchen die Erzälung seiner Feldzüge beruht.[1])— Beginnen wir mit den letztgenannten Eigenheiten, so ist die Zaghaftigkeit gegenüber den aufständischen Legionären trotz aller Milde hervortretend: wie er hier gleich auf der Stelle das Schwert gegen sich selbst richtet, so will er bei dem Unglück, das die Flotte auf dem Meere traf, sich selbst gleich in die Wogen stürzen, und nur das Zureden der Freunde hält ihn vom Selbstmorde ab. (II. 24 cum se tanti exitii reum clamitaret vix cohibuere amici, quo minus eodem mari oppeteret.) — Was seine Vorliebe für das Geheimnisvolle betrifft, so erfaren wir aus Plinius, dass er nicht nur in Kolophon (Tac. II. 54.), sondern auch in Aegypten sich Orakel sprechen lässt, und nur widrige Winde hielten ihn von Samothrake ab, wo er das gleiche zu tun gedachte. [2]) — Ist dies nicht ganz derselbe, der uns ferner entgegentritt in der vorliegenden Erzälung als „Lupus" (ferina pelle), denn zum Unkenntlichmachen, wie Nipperdey meint (ad c. 12), hätte es ja andere Mittel auch noch gegeben? Worauf soll ferner der Ausdruck „auguralis" hinweisen, den Tacitus nie vom Feldherrnzelt gebraucht? — Derselbe Germanicus ist es, den ein geheimnisvoller Traum stärkt (omen) wie nicht minder die Erinnerung an den verstorbenen Grossvater; ja dessen einstiges „augurium augustum" begegnet uns in dem „augurium pulcherrimum" der acht Adler wieder, die Germanicus erblickt zu haben behauptet. —

Zu dieser Treue, mit der wir vom Berichterstatter mit Germanicus' Charakter bekannt gemacht werden, kommt auch das noch, dass er selbst tadelnd gegen ihn sich verhält — wenn er z. B. (II. c. 7) sagt: „erratumque est in eo," weil Germanicus durch das Anlegen am linken Ufer der Ems einen Brückenschlag notwendig macht; wie er ferner unverholen die Niederlage im Jare 15 (I. 71) eingesteht, (dabei wol schonend die Person des Germanicus übergeht), so pflichtet

---

[1]) Auf die Bedeutung derselben weist auch Weidemann im Progr. von 1873 hin. S. 11 u. ff.

[2]) Plinius h. n. VIII. 185. Apis responsa privis dat e manu consultantium cibum capiendo — Germanici Caesaris manus recusatus est, haud multo post extincto. —

Von seiner Idiosynkrasie bemerkt Plutarch, dass er weder einen Hahn sehen noch schreien hören konnte. Plut. De invid. et od. 537. 7. ed. Reiske.

er wieder anderseits der Anrede des Germanicus an die Soldaten keineswegs bei, indem er unumwunden ausspricht, dass sie nichts weniger als feig gewesen wären, sondern nur durch die Art des Kampfes und Ungleichheit der Waffen besiegt worden wären (—II. c. 21 nec minor Germanis animus, sed genere pugnae et armorum superabantur).

Dafür, dass er unparteiisch ist, spricht nächst dem gesagten wol noch die merkwürdige Phrase: „amicis inesse adulationem" (c. 12). Schliesslich kann uns nicht entgehen, dass über die ganze Erzälung ein poëtischer Hauch sich lagert. [1]) Da aber diese lebhafte Darstellung immer in Verbindung steht mit den höchst detaillirten Angaben, so muss die Vermutung wach werden, dass der dichterische Charakter der Erzälung nicht das Verdienst des Historikers allein sei, sondern vielleicht auf Rechnung seiner Quelle komme. In dieser Vermutung werden wir bestärkt werden durch folgendes: Einer von Germanicus' Reiterofficieren hiess Pedo; er wurde von Germanicus wärend des zweiten Feldzuges mit einer Abteilung ins Friesenland geschickt (I. 60). Diesen identificirt Nipperdey ebenfalls mit dem Dichter P e d o A l b i n o v a n u s. Es ist dies um so begründeter, als wir gerade von ihm das Bruchstück eines Gedichtes haben, dessen Gegenstand der (II. 23) von Tacitus geschilderte Meeressturm bildet. Seneca, der uns dasselbe erhalten, fürt es als Muster eines bombastischen Gedichtes an. Wenn wir nun auf einmal von „inania monstra, aequoreosque canes" u. dgl. hören, finden wir es uns nahe gelegt eine Beziehung zwischen diesem und Tacitus (II. 23) insoferne anzunemen, als er am Schlusse (c. 24) spricht: „ut quis ex longinquo revenerat, miracula narrabant vim „turbinum, et inauditas volucres, m o n s t r a m a r i s a m b i g u a s, „h o m i n u m et b e l u a r u m f o r m a s." Derjenige, dem Tacitus auch in seiner poetischen Darstellung folgte, kannte warscheinlich den Pedo als Commilitonen wie als Dichter und mag der Scherz: „visa sive metu credita" dem dichterischen Kriegskameraden gegolten haben. Dass Pedo selbst nicht etwa dem Tacitus als Quelle diente, dafür werden wir am Schlusse die Bekräftigung beibringen.

Dass Tacitus zu jener poetischen Fassung berechtigt war, ist klar. Wenn wir ihn hier mer darstellend als forschend sehen, mer den Gegenstand rhetorisch-poëtisch als militärisch behandelnd finden, so ist dies bei der Auffassung, welche die römische Geschichtsschreibung den Schlachtberichten zu Teil werden lässt, erklärlich. Findet sich doch keiner, Caesar ausgenommen, der nicht mer der epischen Darstellung oder dramatisch-lebendigen Schilderung seine Aufmerksamkeit gewidmet und das Militärische dabei vernachlässigt hätte, wenn er nicht ausdrücklich den Zweck verfolgt, wie Caesar, Kriegsgeschichte zu schreiben. Nun wissen wir, dass den Zeitgenossen

---

[1]) Weidemann a. A. O. betont ebenfalls den poetischen Charakter, der im Gebrauche gewisser Worte sich zeige: II. 14. densere, nervi, acies hastata, victorem sistere. —

des Tacitus bereits ein solches sachlich geschriebenes Werk vorlag,
nämlich die germanischen Kriege von Plinius (I. 69), worin auch
diese Züge des Germanicus behandelt waren.

Dabei also ganz abgesehen von dem Plagiat, dessen Begriff ja
den Alten fremd gewesen zu sein scheint,[1]) konnte also Tacitus mit
Recht dem Militärischen geringe Sorgfalt zuwenden und dafür sich
mer um die poëtische Darstellung bemühen, die uns hier so auffällig
entgegentritt. — Ja noch mer. Was uns der Vermutung Raum geben
könnte, als habe Tacitus seinen Liebling geschont, und manche seiner
erlittenen Schlappen verheimlicht, — nämlich der Umstand, dass wir
im zweiten Feldzuge von den Bewegungen des Hauptquartiers wie
von Germanicus fast nichts erfaren, erhält dadurch eine richtige
Beleuchtung und wird uns erklärlich. —

Abgesehen von den andern Momenten, die uns den Gewärsmann
des Tacitus als unparteiisch erscheinen liessen, werden wir also mit
Recht anzunemen haben, dass jene Operationen des Germanicus durch
das Werk des Plinius hinreichend bekannt waren, und so Tacitus
desto mer den Bewegungen der andern Corps die gewandte Schilderung zu Teil werden lassen konnte. Dass er dann in dem
dritten Feldzuge den Germanicus hervortreten lässt, lag in der
Bedeutung der beiden Schlachten, in denen Germanicus die gesamte
Macht befeligend, hervortreten muss, und wird schliesslich gerechtfertigt durch die künstlerische Composition, welche die Katastrophe
des Germanicus bereits einleiten lässt, wärend er noch in Deutschland Siegesdenkmäler errichtet! — Dass die Quelle dieselbe ist,
welche Tacitus auch in der Geschichte des germanischen Legionenaufstandes neben dem vorhandenen Annalisten herbeizog, wird nach
den angefürten, dieselbe charakterisirenden Bemerkungen und Beobachtungen,[2]) wie nicht minder wegen der gleichartigen Lebhaftigkeit
der Darstellung und des ganzen Colorits keines weiteren Beweises
der Warscheinlichkeit bedürfen. —

2. Germanicus im Oriente und sein Tod.

Heben wir auch hier die gemeinsamen Ueberlieferungen heraus,
so finden wir, die Reihenfolge der Ereignisse beibehaltend, zuerst
bei Sueton einige Bemerkungen, die sich mit der Taciteischen
Erzälung in einige Beziehung bringen lassen.

Ueber seine Absendung bemerkt er (Cal. 1): „Germanicus
„consul iterum creatus, ac priusquam, honorem iniret, ad componen-
„dum Orientis statum expulsus", womit das bei Tac. II. 41./53.
gesagte in Beziehung gebracht werden kann. Man begegnet übrigens

---

[1]) So scheint mir auch aus Plin. ep. V. 8. hervorzugehen: Tu tamen jam nunc
cogita, quae potissimum tempore aggrediar, vetera et scripta aliis. Parata inqui-
sitio, sed onerosa collatio intacta et nova.

[2]) Unter anderm ist auch bemerkenswert die in beiden Abteilungen vor-
kommende Wendung mirum dictu (II. c 17) vix credibile dictu (I. 35).

dabei Suetons Eigentümlichkeit, besondere Fälle zu verallgemeinern, um daraus dann Charakterzüge zu machen, so sagt er (Cal. 3): „libera et foederata oppida sine lictoribus adibat." Tacitus corrigirt eigentlich diese Angabe (c. 53) „hinc ventum Athenas, foederique sociae et vetustae urbis datum ut uno lictore uteretur." — Bei Sueton heisst es ferner: „Sicubi clarorum virorum sepulcra cognosceret, inferias Manibus dabat", bei Tacitus entspricht diesem der Besuch des Schlachtfeldes von Actium (II. 53.), der von Ilium, (II. 60.) und die Berürung von Canopus. Daraus ersehen wir übrigens nur, dass Suetons Quelle nicht unbekannt mit diesen Umständen war.

Wichtiger ist wol die Erzälung von Germanicus' Ende. Wir haben schon am Beginn des dritten Abschnittes gesehen, dass Josephus Flavius wie über anderes, so auch (und hier sagt er es ausdrücklich) über den Tod des Germanicus bereits vorhandene Geschichtswerke zu Rate zog, oder zum mindesten kannte. —

Sueton erwänt nun des Germanicus' Ableben an zwei Stellen, von denen eine mit der Erzälung bei Cass. Dio sachlich vollständig übereinstimmt.

Suet. Cal. 2. Obiit autem (ut opinio fuit) fraude Tiberii, ministerio et opera Cn. Pisonis.

C. Dio LVII. 18. Ἀπέθανε δὲ ἐν Ἀντιοχείᾳ ὑπό τε τοῦ Πείσωνος καὶ ὑπὸ τῆς Πλαγκίνης ἐπιβουλευθείς.

Allein in der Fortsetzung harmoniert C. Dio wieder mit Tacitus; Cassius Dio fasst sich freilich kürzer.

Tac. II. 69. et reperiebantur solo ac parietibus erutae humanorum corporum reliquiae, carmina et devotiones et nomen Germanici plumbeis tabulis insculptum, semusti cineres ac tabo obliti aliaque maleficia, quisereditur sacrari animas numinibus infernis sacrari.

ὀστᾶ γὰρ ἀνθρώπων ἐν τῇ οἰκίᾳ ἐν ᾗ ᾤκει κατωρυγμένα καὶ ἐλασμοὶ μολίβδινοι ἀράς τινας μετὰ τοῦ ὀνόματος αὐτοῦ ἔχοντες ἐῶντος ἐθ' εὑρέθη. —

Noch wäre zu bemerken, dass Zonoras (Chr. XI. 2.) nach den Beschwörungsformeln, die er wie Dio aufzält, einschiebt den Satz:

τὸ σῶμα αὐτοῦ ... ἐς τὴν ἀγωράν κομισθὲν καὶ τοῖς παροῦσι δειχθέν ...

Tac. II. 73. corpus in foro nudatum in foro Antiochensium ..

C. Dio schliesst damit, dass Piso von Tiberius vor den Senat zur Rechenschaft gezogen, sich selbst, nachdem er um kurzen Aufschub gebeten, ums Leben brachte.

Dass C. Dio nicht Tacitus benutzte, trotz der Aenlichkeit, die wir noch erklären werden, geht schon aus dem hervor, dass letzterer jede Vergiftung ausschliesst.

Verfolgen wir die weiteren Angaben Suetons, und zwar über denselben Gegenstand (Tib. 52). Er erzält uns dort, dass Tiberius sich über Germanicus im Senate beklagte, weil er wegen der plötzlich ausgebrochenen Hungersnot in Aegypten nach Alexandrien sich begeben habe, one vorher beim Kaiser angefragt zu haben. — Bei Tacitus (I. 59) lesen wir, dass Germanicus die öffentlichen (also kaiserlichen) Getreidevorräte verteilt habe und von Tiberius in einem Briefe darüber zur Rede gestellt wurde, dass er one Auftrag (sponte) dahin gegangen sei.

Dann setzt Sueton weiter fort: „Etiam causa mortis fuisse ei per Cn. Pisonem legatum Syriae creditur: quem, mox hujus criminis reum, putant quidam mandata prolaturum nisi ea secreta obstarent." — Danach wäre also auch Tiberius der eigentliche Täter gewesen. — Woher hat Sueton diese Nachricht? Tacitus (III. 16.) weist uns darauf hin, dass dies auf mündlicher Tradition beruhe: „Audire me memini ex senioribus visum saepius inter manus Pisonis „libellum, quem ipse non vulgaverit; sed amicos dictitavisse litteras „Tiberii et mandata in Germanicum contineri, — ac destinatum „principemque arguere, ni elusus a Sciano per vana promissa foret" .. — Tacitus fügt hinzu, dass er des Gerüchtes Erwänung tue, welches bis in seine Jugendzeit Geltung hatte. Dies entnam also Sueton den Gerüchten seiner eigenen Zeit. Nun aber sagt er an einer anderen Stelle (Cal. 1) Germanicus starb zu Antiochia an einer Krankheit „non sine „veneni suspicione. — Nam praeter livores, qui toto corpore erant, „et spumas, quae per os fluebant, cremati quoque cor inter ossa „incorruptum repertum est, cujus ea natura existimatur, ut tinctum „veneno igne confici nequeat." —

(Cal. 2.) Piso aber hatte den schon kranken Germanicus mit Wort und Tat masslos und bitter gekränkt, wesbalb er in Rom beinahe vom Volke zerrissen, vom Senate zum Tode verurteilt wurde. — Ist letzteres uns aus den Senatsverhandlungen bei Tacitus bekannt, so felt uns die vorhergehende Angabe. — Da finden wir denn bei Plinius (h. n. XI. 187): „certe extat oratio Vitellii, qui reum Pisonem coarguit, hoc usus argumento, palamque testatus non potuisse ob venenum cor Germanici Caesaris cremari ...." Damit wäre uns denn schon beiläufig ein Fingerzeig gegeben, dessen Weisung wir folgen können. —

Ich habe schon vorweggenommen, dass Tacitus allen diesen Meinungen gegenüber sich ablehnend verhält, wenn er auch durch deren Anfürung beweist, dass sie ihm nicht unbekannt waren. Wenn wir dagegen die Ereignisse betrachten nach dem Tode, so können wir, wie oben bereits angedeutet ist, manches übereinstimmende zwischen Tacitus und Sueton finden. So sagt (Cal. 5.) Sueton: Germanicus sei gegen Beleidiger sauft gewesen, ja er fürt als Beispiel an, er habe dem Piso erst die Freundschaft gekündigt, als er (Germanicus) erfaren habe „veneficiis quoque devotionibus impugnari se;" und auch dann sei er nicht weiter gegangen und habe seinen

Freunden (domesticis) aufgetragen, ihn, wenn ihm doch etwas zu-
stossen sollte, zu rächen. —

Nun macht uns Tacitus (I. 69) damit bekannt, dass Germanicus
selbst überzeugt war, von Piso vergiftet zu sein und wir hören (c.
70), dass er ihm die Freundschaft aufkündigte. — Zeigen also beide,
Tacitus und Sueton, eine gewisse sachliche Uebereinstimmung, so
wird diese bemerkenswerter an folgenden Stellen:

Sueton erzält (Cal. 5): „quo defunctus est die, lapidata sunt templa,
„subversae Deum arae, Lares a quibusdam familiares in publicum
„abjecti, partes conjugum expositi,“ und nachdem er der Trauer
gedacht hat, welche selbst auswärtige Völker an den Tag legten,
(vgl. Tacitus II. 72 indoluere exterae nationes regesque) berichtet
Sueton wie Tacitus von der Trauer in Rom selbst.

Suet. Cal. 6. Romae quidem,
cum ad primam famam valetudinis
attonita et moesta civitas sequentes
nuntios opperiretur, et repente jam
vesperi incertis auctori-
bus convaluisse tandem percre-
buisset, passim cum luminibus
et victimis in Capitolium concur-
sum est, ac paene revulsae templi
fores.

Espergefactus e somno Ti-
berius . . . vocibus „salva Roma,
salva patria, salvus Germanicus.“
Sed ut demum fato functum
palam factum est, non solatiis
ullis, non edictis inhiberi luctus
publicus potuit, duravitque etiam
per festos (Decembris) mensis dies.

Tac. II. 82. At Romae, postquam Germanici valetudo per-
crebuit . . . . dolor, ira; et
erumpebant questus . . . . forte
negotiatores . . . lactiora attulere.
Statim credita, statim vulgata
sunt . . . . Cursant per urbem,
moliuntur temporum fores; juvat
credulitatem nox et promptior
inter tenebras adfirmatio.

Nec obstitit falsis Tiberius
donec tempore ac spatio vane-
scerent. Et populus quasi rursum
ereptum acrius doluit. III. 6. Utque
premeret (Tib.) vulgi sermones mo-
nuit edicto . . . repeterent solem-
nia et quia ludorum Megalesium
spectaculum suberat etiam volup-
tates resumerent.

Wir ersehen daraus die grosse Verwantschaft, ja ich möchte
sagen Identität der Quellen beider Schriftsteller für diese Nachricht;
dass Sueton den December nennt, da doch die Megalesien in den
April fielen, kann hier weniger entscheiden, da das letztere Edict
von Tacitus vielleicht nach einem Originale mitgeteilt. ist — Allein
die Uebereinstimmung wird uns um so weniger befremden, wenn
wir berücksichtigen, dass Tacitus hier stadtrömische Ereignisse mitteilt. — Wenn wir nun bedenken, dass Sueton für die Geschichte
von Germanicus' Ende eine Quelle benutzt, die dem Tiberius entschieden feindlich ist, wenn wir ferner sehen, dass auch diese städtischen
Nachrichten die Unbeliebtheit des Kaisers hervortreten lassen, so
werden wir ihm nicht mit Unrecht zumuten können, dass auch die
letzteren demselben Annalisten entstammen — aus dem eben auch
Tacitus die betreffende Stelle oben entlehnte.

Wir können aber auch noch eine andere Beobachtung machen. Für die Darstellung von Germanicus Leichenfeier fürt Tacitus verschiedene Quellen an, in die er Einsicht genommen habe (III. 3.) „auctores rerum" und die „acta diurna." — Nun ist dieser ganze Bericht (von III. 1—7) durchsetzt mit so gehässigen Bemerkungen, dass er schwerlich den von der Regierung redigirten actis entnommen sein kann, wol aber demselben Annalenwerke, das Sueton für seine Zwecke benutzte, und das mit Herbeiziehung der „acta" früher einmal verfasst worden sein mag. Verfasst vielleicht von jenem Zeitgenossen, dem Sueton auch andere gehässige Mitteilungen über Tiberius verdankte. — Die dem Tiberius so ungünstigen Bemerkungen lassen sich auch bei Tacitus in Verbindung mit städtischen Nachrichten sehen. So die Bemerkungen beim Triumphzuge des Germanicus: „sed suberat „occulta formido reputantibus haud prosperum id Druso . . favorem „vulgi, . . . breves et infaustos populi favores. Nec ideo sincerae „caritatis fidem adsecutus (Tib.) amoliri juvenem specie honoris, „statuit struxitque causas aut forte oblatas arripuit." (II. 42.) Bei der Absendung des Piso: „Credidere quidam data et a Tiberio „occulta mandata . . . (II. 43.) Vera prorsus de Druso seniores „locutos (so spricht das Volk als es von Germanicus Erkrankung „hört): displicere regnantibus civilia filiorum ingenia." — Endlich bei der Leichenfeier: „gnaris omnibus laetam Tiberio Germanici mortem „male dissimulari. (III. 2.) Nihil tamen Tiberium magis penetravit, „quam studia hominum accensa in Agrippinam . . ." (III. 4).

Und wenn Tac. III. 5. endlich sagt: „fuere qui publici funeris pompam requirerent" und die dasselbe im Vergleich zu dem, das einst Drusus erhielt, zu gering fanden — so spricht nur wieder aus diesen Worten der zeitgenössische Annalist, welcher der Leichenfeier wie dem Triumphe des Germanicus beigewont hatte, oder von Augenzeugen noch Mitteilungen darüber empfieng.

Ich will mich nicht weiter auf das Gebiet gewagter Vermutungen begeben. — Allein das eine kann ich mit Recht betonen, dass die Nachrichten von Tiberius letzter Lebenszeit, wie nicht minder die soeben gekennzeichneten, ihrer Natur nach eine solche Verwantschaft zeigen, dass man sie mit Recht als Teile eines und desselben annalistischen Werkes betrachten kann, das einem jener „auctores rerum" angehört, wie sie Tacitus merfach erwänt, und aus dem Sueton wesentlich seine Notizen entnam. — Dass Anekdoten und Zeitungsnotizen einen nicht unbedeutenden Teil des Materiales dieser Annalen ausmachten, ist nicht weniger einleuchtend. —

Es gilt nun den übrigen Nachrichten nachzugeben, welche uns Tacitus von Germanicus' Aufenthalt im Oriente und seinen Tod als glaubwürdig überliefert.

Wie schon angedeutet worden, leitet Tacitus eingangs des II. Buches die Erzälung ein mit dem Referate Tibers über die orientalischen Verhältnisse und Verwicklungen (c. 43 igitur haec . . .

quae supra memoravi weist darauf zurück), in Folge dessen der Senat auf Antrag Tibers dem Germanicus die Ordnung der Angelegenheiten überträgt. — Tacitus beschreibt (II. 53.) die Reise des Germanicus im Jare 18, wärend welcher zu gleicher Zeit Piso, der (c. 43) mittlerweile an Silanus statt die Provinz Syrien zur Verwaltung bekommen hat, ebenfalls dahin seinen Weg nimmt. — Wir werden eingehend unterrichtet, wie Germanicus die Angelegenheiten ordnet (c. 56—59.); wie nicht minder für seine Reise nach Asien früher, so erhalten wir auch jetzt einen genauen Bericht über den Abstecher nach Aegypten. (c. 59—62.) Die letzten Lebenstage des Germanicus in Syrien (69—73.) wie sein Ende werden geschildert. — Ebenso die Fart der verwitweten Agrippina nach Rom (74/75) mit der Asche ihres Gemahles. Auch hier begegnet uns eine Episode wärend der Fart, die mit grosser Ausfürlichkeit geschildert ist. (c. 79.) — Alles das stellt sich uns als abgerundetes Ganzes dar. . . Die Stimmung in Rom (c. 82—84) kann uns weniger beschäftigen, wol aber (im III. Buche) die Leichenfeier (1—7) und der Process des Piso (10—19). So tritt uns die ganze Geschichte im Orient als Ganzes entgegen, wovon der Process des Piso gleichsam den Abschluss bildet, sowol dieser als der ganzen Geschichte des Germanicus: „is finis fuit ulciscenda Germanici morte.“ —

In dem Abschlusse aber des zuletzt angefürten Satzes (III. 19.) is finis . . non modo apud illos homines, qui tum agebant, etiam secutis „temporibus vario rumore jactata. — Adeo maxima quaeque ambigua „sunt, dum alii quoquo modo audita pro conpertis habent, alii vera „in contrarium vertunt, et gliscit utrumque posteritate . . .“ ist zugleich die ganze Schwierigkeit ausgedrückt, welche dem Geschichtsschreiber die bisherigen Traditionen in den Weg legten. — Brauche ich doch nur zur Illustration desselben Umstandes auf die Tiberiusgeschichten (II. Abschn.) zu weisen. Ganz im Gegensatze zu der Geschichte der Feldzüge können wir die bedeutende Confluenz verschiedener Ueberlieferungen in den eingeschobenen Sätzchen: „credidere quidam“ (II. 43.) „addunt plerique“ (II. 70.) „non apud auctores rerum, non diurna actorum scriptura reperio“ (III. 3.) wiedererkennen.

Ja sogar mündliche Ueberlieferungen aus seiner Jugendzeit („audire me memini ex senioribus“ III. 6) zieht er herbei. — Ist es doch eine Angelegenheit, in welcher der Ruf Tibers, wie Pisos in gleicher Weise unter der Tradition leidet. Sagt er ja, (II. 73) dass der Tod des Germanicus nach Gunst und Hass verschiedene Auslegung fand und Josephus Flavius, Sueton, wie Cassius Dio zeigen uns, welche derselben sogar die allgemein geltende war. —

Also auch hier galt es mit der alten Ueberlieferung zu brechen, und bessere Gewärsmänner heranzuziehen. Dass er solche gefunden, geht aus der Bestimmtheit hervor, mit welcher er trotz anderer Ueberlieferungen die Geschichte erzält. Auch hier ist es ferner die Persönlichkeit des Germanicus und seine Umgebung, die den Verfasser beschäftigt und sind die Details wie in den Feldzügen derart, dass die Mitteilungen nur den nächsten Kreisen des Germanicus ihrem Ursprung nach angehören können.

Hervorzuheben vor allem ist der tagebuchartige Charakter[1]) der in II. 53/54 erzälten Reise in den Orient, die uns alle die wichtigen Orte angibt, die er berürte. Nicht wenig charakteristische Züge lernen wir zugleich damit kennen. Er sucht die durch die Geschichte seines, des julischen Hauses, geheiligten Stätten auf, so das Schlacht-feld und die Küste von Actium; bezeichnend genug erscheint: „namque „ei avunculus Augustus, avus Antonius erat;" so besucht er auch Ilium (varietate fortunae et nostri origine veneranda). Nur der Nordwind hält ihn ab, die Insel Samothrake mit ihrem mystischen Kabirendienst zu besuchen (c. 54): „cupidine veteres locos et fama celebratos noscendi." —

So lässt er sich auch in Kolophon den Willen der Gottheit erfragen; mit einigen Worten wird der Einrichtung der dortigen Orakelstätte gedacht, dann hinzugefügt: „et (ferebatur) Germanico per ambages, ut mos oraculis, maturum exitium cecinisse." —

Für das Tagebuchartige spricht nicht minder die Kürze, mit welcher Tacitus (c. 54) der Geburt der jüngsten Tochter des Ger-manicus, der Julia, auf Euboea Erwänung tut. Der Detailangabe, dass er in Athen nur mit einem Lictor erschien, ist seinerzeit schon gedacht worden. So recht nun im Gegensatze zu Germanicus stellt sich Piso dar; so recht ein Vertreter des, zur Regierung sich gleich mitberechtigt fülenden alten Adels. — Die Athener mochten hinter-her über seinen Strafsermon gelacht haben; immerhin erscheint er in dem ganzen Berichte viel günstiger beurteilt, als in einem frü-heren. (c. 43.)

Von seiner Tätigkeit ist übrigens Germanicus stets unterrichtet: (c. 55) „haud nescium quibus insectationibus petitus foret"; dann (c. 56) lernen wir wieder Germanicus' Stimmung kennen: „Cunctaque socialia prospere composita non ideo laetum Germanicum habebant, ob superbiam." Auch Plancinas' Umtriebe sind ihm bekannt. Nicht wenig charakterisirt den Gewärsmann der Satz: „Sed amici accen-dendis offensionibus callidi intendere vera, adgerere falsa ipsumque (Pisonem) et Plancinam et filios variis modis criminari." — Für desselben Mannes Stellung und seine genaue, offenbar auf Autopsie gegründete Kenntnis selbst der weniger bedeutenden Umstände sprechen noch andere Momente. So erfaren wir, dass Germanicus (paucis familiarum adhibitis) mit Piso zu rechten beginnt; und wieder klingt ein leiser Tadel aus den Worten: „qualem (se sermonem) ira et dissimulatio gignit." — Er erzält uns den Vorgang an der Tafel des Nabataerkönigs, und die Tactlosigkeit, die sich Piso hier zu Schulden kommen liess. Er weiss, dass nicht blos politische Motive den Germanicus bewogen haben der Bitte des Partherkönigs Artabanus nachzukommen, sondern, dass Vonones deshalb auch in

---

[1]) Weidemann im Progr. 1873. S. 13 erhält auch den Eindruck eines Reise-journals. —

Cilicien internirt wird, weil er mit Piso und namentlich Plancina auffallend freundliche Beziehungen unterhielt. (c. 59.) Wie oben, verleugnet auch die Reisebeschreibung aus Aegypten den Charakter eines Tagebuches nicht. Mit aller Offenheit, die einen Tadel gegen Germanicus nicht ausschliesst, sagt er: „cognoscendae antiquitatis" wegen sei die Reise unternommen worden „sed cura provinciae praetendebatur." Ja Germanicus nimmt sich heraus, auf eigene Faust die kaiserlichen Speicher zu öffnen, was der Gewärsmann selbst zu tadeln scheint, da des Briefes, worin Tiberius diesen Vorgang rügte, one Glosse gedacht wird.

Derselbe Gewärsmann weiss, dass Germanicus one militärische Begleitung in griechischem Gewande herumgeht, es wird sogar der Grund angegeben: „in Scipionis aemulationem." — Den Germanicus hatte der Brief in Alexandria nicht mer getroffen, so reiste er denn weiter nach Ägypten ins Land hinein; er berürt Canopus und Theben. In Theben entziffern die Priester die Hieroglyphen.

Es gilt Rhamses' Kriegszüge nach Asien und Africa, und es ist wol kein geringer Beweis für die Anwesenheit des Gewärsmannes bei dieser Unterhaltung, dass er diese Kriegszüge ganz verschieden von der herodoteischen Erzälung (die doch damals noch Geltung hatte) wiedergibt. Auch die Memnonssäule wird bewundert, dann geht die Reise weiter bis Syene und Elephantine; damit endet auch der Reisebericht. — Erst c. 69 fürt uns wieder mit Germanicus zusammen, der in Syrien angelangt, alle Ordnung aufgelöst, und alle Befele von Piso verkert ausgefürt finden muss.

Wir erfaren von „graves in Pisonem contumeliae nec minus „acerba quae ab illo in Caesarem temptabantur." — Wir hören, dass Germanicus bereits krank war; das was Piso tat, wurde ihm dann offenbar wieder von den Freunden hinterbracht: denn nun glaubt Germanicus selbst, er sei vergiftet worden. (c. 70.) „Saevam vim morbi angebat persuasio veneni a Pisone accepti." Dann wurden Zaubermittel gefunden, Verwünschungstäfelchen, u. dgl. wie sie auch bei C. Dio aufgezält werden. Dass der Gewärsmann des Tacitus nichts darauf gibt, zeigt das „quis creditur animos numinibus infernis sacrari —"

Erblicken wir in den zuletzt erwänten Umständen schon desselben Mannes Zweifel an der etwaigen Vergiftung, so sehen wir dies später noch stärker hervortreten. Und doch gehört derselbe dem vertrauten Freundschaftskreise des Prinzen an. Er teilt uns ziemlich ausfürlich mit die Ansprache und die letzten Worte des Germanicus an seine Freunde, nachdem er vorher uns mit den sorgenvollen Gedanken desselben wegen des zukünftigen Schicksales seiner Familie bekannt gemacht hat. . . . . Germanicus kündet endlich Piso die Freundschaft; aus seinen letzten Worten spricht die Ueberzeugung, dass er selbst sich für vergiftet hält. Er empfielt seine Freunde, und durch dieselben,

---

[1] non modo precibus Artabani, sed contumeliae Pisonis, cui gratissimum erat ob plurima officia et dona, quibus Plancinam devinxerat. II. 58.

seine Familie dem Kaiser und dem Bruder, und trägt ihnen auf die Anklage gegen Piso. Er ermant, er beschwört Agrippina „exueret ferociam saevienti fortunae summitteret animum . . . ne validiores inritoret." — Endlich aber schwören die Freunde „spiritum ante quam ultionem amissuros." Das sind nun alles Umstände, die nur für einen Freund des Germanicus selbst von Interesse sein können, und zeugt die detaillirte Wiedergabe dafür, dass Tacitus diese Nachrichten nicht aus dritter Hand bekam. — Der Vergleich endlich (II. 73 bei der Leichenfeier in Antiochia) mit Alexander (eingeleitet durch „erant qui formam . . . . . Alexandri fatis adaequarent") trägt das Gepräge einer „laudatio", wie der Freund sie dem Toten spricht. Wie bisher der Berichterstatter in eigentümlicher Stellung den übrigen Freunden gegenüber sich befand, so tritt er auch jetzt noch einmal hervor. — Die letzten Worte richtete Germanicus an seine Gemahlin heimlich „per quae ostendere credebatur metus ex Tiberio." Von einer änlichen Verdächtigung kommt in dem ganzen Bericht keine Silbe vor — kurz der Autor dieser Mitteilungen gedenkt eben der Meinung, welche die andern Freunde darüber hegten, und beweist uns damit neuerdings, dass er diesem Kreise nahe stand. Allein noch mer: fanden wir Piso schon günstiger beurteilt, so erfaren wir auch, dass er selbst dem Verdachte einer Vergiftung, trotz Germanicus' Ueberzeugung keinen Raum gibt; und wenn Tacitus (Ende c. 73) sagt: „praetuleritne (corpus Germanici) veneficii signa parum con- „stitit. Nam ut quis misericordia in Germanicum et praesumpta suspi- „cione aut favore in Pisonem pronior, diversi interpretabantur," so wissen wir bereits, wer aus dem Freundeskreise „pronior favore in Pisonem" ist — kein anderer als Tacitus' Gewärsmann.

Wer aber kann dies sein? — Verfolgen wir den Gang der Taciteischen Erzälung weiter. — Nach dem Tode des Prinzen handelt es sich im Rate der Freunde darum, welcher aus ihnen, soweit es Senatoren waren, indess die Verwaltung der Provinz übernemen sollte (I. 74). „Et ceteris modice nisis inter Vibium Marsum et Cn. Sentium diu quaesitum; dein Marsus seniori et acrius tendenti Sentio concessit." Marsus erscheint weniger für die Verfolgung des Piso eingenommen, denn diese war notwendig mit der Uebername der Provinzverwaltung verbunden. — Wie verhält er sich nun dem ganzen weiteren Vorgehen gegenüber? — Da lüftet sich der Schleier; es heisst nemlich weiter: Dieser nun (Cn. Sentius) schickte ein als Giftmischerin bekanntes Weib Martina (Freundin der Plancina) in die Stadt. — Vielleicht aus eigenem Eifer? — Mit nichten: im Gegenteile, weil Vitellius und Veranius es verlangten (Vitellio Veranio ceterisque postulantibus). Aber was nun bei Tacitus folgt, ist ein lauter Protest gegen deren Vorgehen: „qui crimina et accusationem", sagt er: „tamquam adversus receptos jam reos instruebant." — Wir sehen, er ist es selbst, des Tacitus Gewärsmann — Vibius Marsus. Derselbe, der nicht von der Vergiftung überzeugt ist, der auch unter denen ist, die den Piso günstiger beurteilen.

Und als Agrippina auf hoher See dem Schiffe des flüchtigen Piso begegnet (II. 79), wird es ausdrücklich bemerkt, dass Vibius Marsus dem Piso Mitteilung davon machte und ihm eröffnete, dass er nach Rom kommen müsse, sich zu verantworten. Keine Spur von einer Gehässigkeit, trotzdem auch Piso eine spöttische Bemerkung darüber macht. -- Wir finden auch Vibius Marsus nicht in der Reihe der Ankläger oder Redner im pisonischen Processe (III. 14). Man wird ihn wol als Zeugen beigezogen haben, und mag auf ihn die Bemerkung gehen: „Solum veneni crimen visus est diluisse, quod ne accusatores quidem satis firmabant, in convivio Germanici cum super eum Piso discumberet, infectos manibus eius cibos arguentes. Quippe ab surdum videbatur inter aliena servitia et tot astantium visu, ipso Germanico coram, id ausum." Ja nicht one eine gewisse Ironie scheinen, unmittelbar auf die Belonung des Vitellius und Veranius mit Priesterstellen, die Worte angefügt: Is finis fuit ulciscenda Germanici morte (III. 19).

Wie nun, dürfen wir Vibius Marsus auch als Gewärsmann für die Kriege in Deutschland in Anspruch nemen? Freilich wird er nicht als Teilnemer an denselben genannt, aber die gleiche Vertrautheit mit den intimsten Verhältnissen des Germanicus weist ja auf einen aus dessen Freundeskreise. — Dazu konnten wir die Beobachtung machen, wie schwungvoll und poetisch die Darstellung ist; auch habe ich die Vermutung ausgesprochen, und ich glaube nicht one Begründung, dass die Darstellung hier mit beeinflusst sein muss von der Quelle, welche Tacitus verwendet.

Wenn wir nun erfaren, dass (Tac. VI. 47) von Marsus spricht als von einem Manne „vetustis honoribus et illustris studiis; wenn ihn Martialis wiederholt unter anderen Dichtern zusammenstellt [1]) mit Pedo, von welchem wir ja zudem auch erfuren, dass er sowol an dem Feldzuge teilnam, wie an der Expedition, welche durch den Meeressturm so hart mitgenommen wurde, den er selbst besang; ja noch mer, wenn Ovidius uns ausdrücklich belert, dass die Freunde des Germanicus wetteiferten, seine Taten zu besingen,[2]) so wird die Anname wol gestattet sein, Vibius Marsus als denjenigen Autor anzusehen, dessen Memoiren und Gedichte dem Tacitus als

---

[1]) Epigr. IV. 29. Saepius in libra memoratur Persius uno quam levis in tota Marsus Amazonide.
V. 5. qua Pedo, qua Marsus . . . erit.
VIII. 56. quid Varos, Marsosque loquar? Virgilius non ero, Marsus ero.

[2]) Ovid Ex p. IV. 16. 5. 6. cum foret et Marsus . . . sidereusque Pedo . . —
Ex p. IV. 8. (ad Germanicum) 65. non potes officium vatis contemnere vates.
71. sed dare materiam nobis quam carmina mavis.
Ex p. IV. 13. 45. — (An Carus gerichtet, welcher Erzieher der Kinder des Germanicus war) . . . . tibi nomen amicitiae . . . . sic capto Latiis Germanicus hoste catenis materiam vestris adferat ingeniis.

7

Quelle dienten für die glückliche und in seinen Augen glanzvolle Zeit der deutschen Kriege des Germanicus; man wird dann auch erklärlich finden, dass gerade in diesem Teile der Erzälung das rhetorisch-poëtische in der Darstellung überwiegt.

Dass übrigens Vibius Marsus nicht bloss Dichter war, sondern auch den ernsten Anforderungen der Staatsgeschäfte gewachsen sich zeigte, mag ihn nicht weniger als glaubwürdigen Gewärsmann dem Tacitus erscheinen haben lassen.

Dazu kommt noch ein anderer nicht zu übersehender Umstand, der ebenfalls für Tacitus bestimmend gewesen sein mochte. Vibius Marsus geriet trotz seiner Freundschaft mit Germanicus bis in das letzte Lebensjar Tibers mit dem Kaiser nie in Conflict. Ja wir finden ihn als Proconsul von Africa 28—31 n. Chr. tätig. [1]) — Erst im Jare 37 wird er in einen Process verwickelt, in den der Albucilla; selbst da hören wir, dass Tiberius wenig auf die Voruntersuchung, die Macro geleitet hatte, gegeben haben mochte. — Das war eben die Folge seiner vorsichtig gemässigten Haltung, die sich auch an den beregten Stellen bei Tacitus wiederzuspiegeln scheint. —

Wir finden ihn auch im Jare 42 als Legaten in Syrien, wo er die Angriffe des Vonones auf Armenien zurückweist (Tac. XI. 10) und wie er dann ferner gegenüber den königlichen Verschwörern ein ebenso kluges als tactvolles Vorgehen beobachtet. [2]) Mit den Jaren 44, 45 n. Chr., in welche seine Abberufung fällt, verschwindet er aus der Geschichte.

Wir haben oben schon die Vermutung ausgesprochen, ob nicht auch etwaigen Memoiren oder Briefen von ihm, die ihn, wenn er in der Ferne weilte, über die senatorischen Vorgänge unterrichteten, so manche Streiflichter entnommen sind, welche Tacitus auf einige Mitglieder des Senats unter Tiberius fallen lässt. Die Haltung, welche Vibius Marsus beobachtet, würde nicht wenig dafür sprechen, und anderseits die Unparteilichkeit, mit welcher selbst Germanicus beurteilt wird, mochte als Gewär seiner Warheitsliebe unserem Historiker gegolten haben. — Er ist es ja, welcher auch dem Arruntius befreundet ist; er ist mit ihm in denselben Process ver-

---

1) vgl. Eckhel. d. n. IV. 147. —

2) Jos. Antiqu. XIX. 6. 4; 7. 2. Agrippa wollte Jerusalem wieder befestigen εἰ μὴ ὅ τῆς Συρίας ἡγεμὼν Κλαυδίῳ Καίσαρι διὰ γραμμάτων ἐδήλωσε τὸ προπτόμενον. XIX. 8. Vibius Marsus kömmt trotz der Ehrerbietung, mit welcher ihn Agrippa empfängt, hinter dessen Schliche und befiehlt energisch, allen beim Gastmale anwesenden Fürsten und Königen heimzukehren. XIX. 12. Marsus wird durch Flavus ersetzt — denn er scheint seine Aufgabe ziemlich ernst genommen zu haben, namentlich den Tetrarchen gegenüber, da wiederholt Agrippa sich bei Claudius beschwerte. XX. 1. πέμπε (Κλαύδιος) Μάρσῳ διάδοχον . . . Κάσσιον Λογγίνου μνημῇ τοῦ βασιλέως τοῦ τὸ χαριζόμενος πολλὰ διὰ γραμμάτων ὑπ' αὐτοῦ περιόντος ἀξιωθεὶς μηκέτι Μάρσον τῶν κατὰ τὴν Συρίαν πραγμάτων προϊστασθαι. —

flochten, und gerade Arruntius ist es, den wir am Anfange der Regierung Tibers als möglichen und fähigen Tronprätendenten bezeichnet
sehen, dessen Auftreten im Senate Tacitus gerne bemerkt, ja dessen
Gegner in der Angelegenheit des Sulla, Domitius Corbulo bei Tacitus
nicht gut weg kommt. (Vgl. ob. S. 52.) Sollte ein Name genannt
werden, so ist es wol der des Vibus Marsus, welcher neben dem
des Aufidius Bassus und Servilius Novianus Geltung haben kann;
für die Geschichte des Germanicus gewiss zweifellos, für die Charakter-
skizzen einzelner Senatoren nicht one Rechtfertigung.

SCHLUSS.

Ueberblicken wir die Resultate der vorliegenden Untersuchung, so
werden wir wenigstens das eine mit befriedigender Klarheit erkennen,
und das hat als das erste Ziel uns gegolten, nämlich das Verhältnis,
in welchem Tacitus in seiner Geschichte Tibers zu der herrschenden
Ueberlieferung steht. Es war uns freilich bei den vorhandenen
spärlichen Nachrichten über deren Autoren schwierig genug, und ich
glaube befriedigt sein zu dürfen, wenn ich nach den Spuren wenigstens
im allgemeinen die Pfade zu bezeichnen vermochte, welche Tacitus
gewandelt ist.

In allen drei Erzälungskreisen haben wir ihn wiederholt auf die
Benutzung derselben Annalisten angewiesen gesehen, die Sueton, wie
C. Dio später, verwendeten. Namentlich erweckte der Vergleich mit
der Erzälung bei Cassius Dio uns die Ueberzeugung, dass in Bezug
auf die Ereignisse, welche dem Tode des Augustus nachfolgten oder
denselben begleiteten, Tacitus nicht unwesentliche Momente dem
gemeinsamen Autor entnimmt; wir haben zum Schlusse endlich die
Vermutung ausgesprochen, dass es ein Werk gewesen sein mochte,
das die Geschichte des römischen Reiches auch unter Augustus
enthielt, für welch' letztere ja nach Tacitus Aussage selbst glaubwürdige und unparteiische Schriftsteller existirten. — Diese konnte
Tacitus verwenden, um dann unmittelbar darauf die Geschichte des
Kaisers Tiberius durch Herbeiziehung von Originalquellen auf neue
Grundlagen zu stellen. Daraus erklärt sich dann jene gewaltige
Differenz in der Wiedergabe der Tatsachen sowol, wie in deren
Beurteilung gegenüber Cassius Dio und Sueton.

Allein wir konnten uns der Beobachtung eben so wenig verschliessen, dass Tacitus doch nicht ganz auf den Gebrauch der
Annalisten verzichtet; wiederholt sind wir ja nicht nur gewissen
Uebereinstimmungen mit Dio und Sueton begegnet, sondern auch der
Anfürung, oft von drei Versionen über einen und denselben Gegenstand,
die er dem Leser zur Auswal, möchte man sagen, überlässt; freilich
nicht one auch seine Ansicht auszusprechen. — Verhältnismässig
am sichersten zeigt er sich in der Darstellung der Senatsverhandlungen, deren Detailangaben und protokollarische Reihenfolge uns am
besten belerte, dass Tacitus hier zum grössten Teile nach Original-
acten, seien es nun die acta senatus selbst, seien es — und das ist
das warscheinlichste — die Sitzungsberichte aus den actis diurnis
arbeitete. — Eingestreute Charakterzüge, öfter von unbedeutenden Persönlichkeiten, wie sie dabei mitunter hervortreten, nötigten

uns zu der Annamc, dass ein zeitgenössischer Senator dazu die Silhouetten geliefert haben müsse; unentschieden blieb, ob einer oder merere Senatoren daran beteiligt waren, und zögernd nannte ich neben Aufidius Bassus und Servilius Nonianus den Dichter und Senator Vibius Marsus.

Aenliche Aufzeichnungen standen ihm von Agrippina zur Verfügung, wie er selbst es ausspricht; und auf Memoiren eines in die Hofgeheimnisse eingeweihten Mannes, wie Sallustius Crispus es gewesen, müssen jene eingehenden Nachrichten zurückgefürt werden, welche uns in den Geschichten von Tiberius' kaiserlichem Hofe so auffällig bestimmt vor die Augen treten. Wir fanden aber gerade hier, dass, wo ihm ein solcher Gewärsmann felte, er angewiesen ist auf die allbekannten, allgemein herrschenden Traditionen, wie sie mündlich sich fortpflanzten oder in den Annalisten niedergelegt waren. So finden wir ihn in der Geschichte der letzten Tage des Kaisers, wie in Bezug auf sein Leben auf Capreae geradezu in demselben Strome treiben, wie Sueton und Cassius Dio. — Allein, wenn nirgends, so konnten wir uns daraus beleren über die Haltung, welche Tacitus gegenüber bereits geltenden Ueberlieferungen beobachtet. — Wie begnügt er sich mit jenen kurzen Andeutungen, ja wie lässt er selbst dem unbefangenen Leser noch die Freiheit zu beurteilen, ob nicht so manches, was man dem Kaiser vorwarf, auf die Rechnung seiner Haussklaven zu setzen sein dürfte? — So konnten wir denn auch in den übrigen Partien der Geschichte in den ersten sechs Büchern bemerken, wie kurz er bereits bekannte Tatsachen anfürt, und wie zaudernd er bei vielen Gelegenheiten sich verhält, wo er auf jene öfter erwänten „auctores rerum" angewiesen ist. — Geradezu aber in schönstem Lichte zeigt sich das Vorgehen des Tacitus in den Geschichten von Germanicus.

So schön er diese Lieblingsfigur gestaltet, so unbefangen scheint er, getreu dem unparteiischen Gewärsmanne folgend, die Schattenlinien nachgezeichnet zu haben. Wenn Tiberius bei Tacitus auf Germanicus' siegerischem Rum eifersüchtig erscheint, ja wenn Tacitus, gemeinsam mit Dio und Sueton wieder hie und da dieselbe Quelle berürend, Germanicus' Untergang auf Tiberius wenigstens indirect zu schieben scheint, so ist er doch dem Gewärsmanne treuer, als sich selbst vielleicht, wenn er schliesslich Tiberius vollkommen entlastet. Und Tacitus stand doch hiebei unter dem Einflusse auch einer mündlichen Tradition.

Sahen wir Tacitus in der Erzälung der deutschen Feldzüge des Germanicus wesentlich noch als Darsteller, so wie er es in den Historien ist, so ergaben einerseits die streng annalistische Ordnung, dann noch mer die protokollarisch genauen, hie und da wol mit Charakterzeichnungen durchsetzten Senatsberichte nnd endlich die Geschichten vom kaiserlichen Hofe, dass er hier mer als sonst auf Forschung angewiesen war, um ein getreues Bild der Geschichte jener Tage liefern zu können. Wol sagt er selbst, dass er in Bezug auf Drusus' Tod den meisten und besten Schriftstellern folgt. Aber sonst finden wir, dass er mit vorhandenen Annalenwerken weniger schonend verfur und durch Herbeiziehung von Originalmittcilungen und Commentaren beteiligter Persönlichkeiten bessernd und oft vermerend nachhalf. [1] — Allein nicht überall konnte der Ausgleich vollzogen werden, und bei der trüben Tradition, die von dem verhassten Kaiser erzälte, muss es uns begreiflich sein, dass die Hände des Geschichtsschreibers selbst nicht ganz sicher blieben. So musste das Bild des Kaisers Tiberius in gewisser Beziehung etwas Schwankendes bekommen, wie dies ja Tacitus selbst nicht unbeachtet geblieben zu sein scheint. [2] — Wer aber nicht einseitig an der Person des Kaisers haftet, dem wird nicht entgangen sein, wie es viel mer der Senat ist, mit welchem Tacitus sich beschäftigt, wie es der Senat ist, welcher ihm für alle Acte des Kaisers verantwortlich ist. Tiberius selbst weist in einer seiner Reden darauf hin. [3] — So fasste Tacitus seine Aufgabe. — Wenn es ihm aber nicht gelungen ist, jenes Schwankende in der Darstellung der Person des Kaisers hinwegzuschaffen, war nicht etwa Tiberius selbst daran Schuld? — Wer endlich will von den Alten jene Kritik erwarten, die man heute verlangen kann? Ja ist es nicht Tacitus' nicht hoch genug zu schätzendes Verdienst, dass man gerade aus ihm heraus, auf seine Angaben gestützt die „Ehrenrettung" Tibers unternommen? Hat Tacitus auf einmal anders geschrieben, oder hat nicht vielmer eben die Kritik, wie sie erst in unserem Jarhunderte auf dem Gebiete der Geschichte sich geltend macht, eine grössere Schärfe erlangt? —

Von dieser unterstützt, wird es dem Geschichtsschreiber möglich, auch Tiberius gerecht zu werden und, mit leidenschaftsloser Objectivität die vielfach verschlungenen Fäden entwirrend, das getreue Bild jener Zeit zu entrollen, one denjenigen, der uns den Stoff dazu überlieferte, zu verunglimpfen. —

Wollen wir uns aber nicht nur vergegenwärtigen, mit welch mannigfaltigen Quellen Tacitus zu arbeiten hatte, sondern auch die Zeit berücksichtigen, welcher er angehört, wo ein Plinius jubelt, dass man endlich ungestraft die Tyrannen schmähen dürfe: dann werden wir wenigstens — und das sei der wünschenswerteste Lon meiner Aufgabe, das gesichertste Ergebnis der ganzen Untersuchung — die Ueberzeugung aussprechen müssen, dass Tacitus sein Möglichstes getan, um das in der Einleitung zu der Geschichte des Kaisers Tiberius gegebene Wort „s i n e   i r a   e t   s t u d i o" zu schreiben, einzulösen.

---

[1] Vgl. Nissen Rhein Uns. 26 B. 540. Die Historien des Plinius.

[2] Tiberii, Gaiique et Claudii ac Neronis res, florentibus ipsis ob metum falsae, postquam occiderant, recentibus odiis compositae sunt. (I. 1.)

[3] Sueton Tib. 63. Tiberius lehnt den Titel pater patriae ab, ebenso die Verpflichtung auf seine acta zu schwören: in dieser Rede nun sagt er unter anderem: Er werde sich immer gleich bleiben: sed exempli causa cavendum esse, ne se senatus in acta cuiusquam obligaret, qui aliquo casu mutari posset.

INHALT.